〝最高の結婚〟を叶える「メス力」がストーリーで身につく！

メリ子先生、わたしどうしたら大好きな彼と幸せになれますか？

神崎メリ

Meri Kanzaki

PROLOGUE

悩める子羊ちゃんたちの駆け込み寺、「メス力《りょく》相談所」へようこそ。

恋に悩める子羊ちゃんたちの駆け込み寺、メス力《りょく》相談所の所長、神崎メリ子です。アシスタント（バイトだけども……）のカズオ君とふたりで、日々ご相談者さまのお悩み相談にお答えしているわ。

事務所は都内某所。基本的にうちは広告を打っているわけではないの。ほとんどが友人からの紹介やSNSの口コミ経由でたどりつく方々《かたがた》よ。

対面でのご相談から、いまはオンラインでのご相談も多いわね。

全国津々浦々《つつうらうら》の女性からご相談が届く日々。ご相談内容は多岐《たき》にわたると思うでしょう？　でも大きく分けて、次の4つのご相談が多いわ。

1　いつも恋愛が長続きしません！

恋人は割と簡単にできるけれど、尽くしすぎたり、重くなってしまってすぐに破局を迎えてしまう女性たちよ。依存心が強くて、男性との距離感のつかみ方が苦手な傾向があるわ。男性が逃げ出してしまうのよね……。

2　なぜか「おクズ様」しか寄ってきません！

つき合う男性がいつも「おクズ様」で、幸せな恋愛とは縁遠いタイプの女性たちね。いろいろなコンプレックスをこじらせてしまっていたり、肉体関係に進むタイミングを間違えてしまっていたりするわ。そして執着心が強いのよ。わかっちゃいるけど離れられないってやつよね。

3　どうしても彼氏ができません！

男性に対して、そして女性である自分に対して「こうあるべき」というこだわりが強かったり、過去のトラウマに囚《とら》われてしまって、フラットな視点で恋愛を見ることが苦手になってしまった女性たちに多いわ。彼氏ができるできないって「モテるかどうか」ではなく、いかに肩の力を抜いて（警戒はしつつ）接することができるかなのよ。

4 つき合っているのに結婚に至りません！

結婚前提で交際しはじめたハズなのに、なぜか結婚にたどりつけない女性たちよ。入籍や妊活に対して焦《あせ》りすぎていたり、いい奥さんになるためにいろいろと気負いすぎて、男性から「結婚は先延ばしにしよう……」と避けられてしまうケースが多いわ。

この4つの相談あるあるに対して、これからご紹介する「メス力禁止事項　5か条」をベースに問題解決していくわよ。

【メス力禁止事項　5か条】

1 尽くさない！

男性は本来、尽くされるよりも好きな女性に尽くすことで「この子のことが好きなんだな」と実感するサガ！　女性側が尽くしてしまうと「なんか申し訳ないな」と罪悪感を与えてしまったり、「彼女のほうが気が利《き》くし」と劣等感を与えてしまったり、「ま、いっか☆　尽くしても～らお」と胡座《あぐら》をかかせてしまう！　よって尽くすのは禁止！

2 焦らない！

入籍前の女性は、1か月でも1日でも早く入籍をしたがって、距離感をグイグイ詰めようとするわ。すると男性は追われている感覚になって本能的に逃げ出してしまうのよ！　よって焦るのは厳禁！

3 執着しない！

壊れている関係、あきらかにうまくいきそうにない関係に執着すると、恋愛を俯瞰《ふかん》で見ることができず、「ど本命クラッシャー」をしてしまったり、「おクズ様」に何年も費やしてしまうわ。よって執着は禁止！

4 他人に振り回されない！

家族、兄弟、親友といえども、他人に振り回されると、自分の人生を歩めなくなるの。よって他人に振り回されるのは厳禁！

5 3か月は肉体関係をもたない！

交際することになってすぐにHをすると、男性が本気なのか？　本気のフリをして貴女《あなた》を抱こうとしているのか？　冷静に判断できなくなってしまうわよ。また一度肉体関係をもつと、執着心が芽生えてしまいやすいのよね。よって3か月は肉体関係禁止！


「うわ～　この3か月ルールが一番キツそうですね……俺、待てるかな～？」

「なによ、カズオ君いたの？」

「まぁ、アシスタントとして最初に登場しておかなきゃいけなくないですか？」

「3か月待った経験、カズオ君はないのかしら？」

「ないですねー。割とそうですね、つき合う前とか……」

「なるほどね～。本気で惚《ほ》れた『ど本命彼女』とじっくり関係を深めてから結ばれる感動を知らないのね～w」

「え、感動？　なんですかそれ？」

「まぁ、そんなことはいいわ。それよりも、なんでこの『メス力禁止事項　5か条』が女性の恋愛問題を解決するために必要なんだと思う？」

「男に騙《だま》されないためですよね？」

「もちろんそれもあるけれど、**笑顔の自分であるためよ**」

「笑顔の自分？」

「**そう、男性は笑顔でご機嫌でいる女性に魅力を感じやすいの。でも無理につくり笑いをするのは、苦痛だし、男性への媚《こび》になってしまうわ。それだと意味がないのよ。ご機嫌な自分をつくるためには、ご機嫌になれる環境を整えることが一番**」

「すると、５か条をやるとご機嫌でいられるってことですか？」

「**そうよ。尽くさない、焦らない、執着しない、他人に振り回されない、簡単に肉体関係に進まない、このへんを徹底して身につけると、驚くほどストレスから解放されるのよ。メス力をつけ焼き刃《ば》のテクニックにしないためには、自分の環境や考え方を変えなきゃいけないよのね**」

「そして笑顔になれるってことですか……。でも3か月ガマンできますかね……」

「またその話～？　まったく焦《じ》らしっていうのは、お互いにとって最高の前戯なのに……」

「え?!　いま、メリ子先生なんて言いました?!」

「うるさいわね～。さっさと加湿器に水入れてくれない?!　乾燥は女の敵！　ほら、湿度50パーセント切ってる！」

登場人物

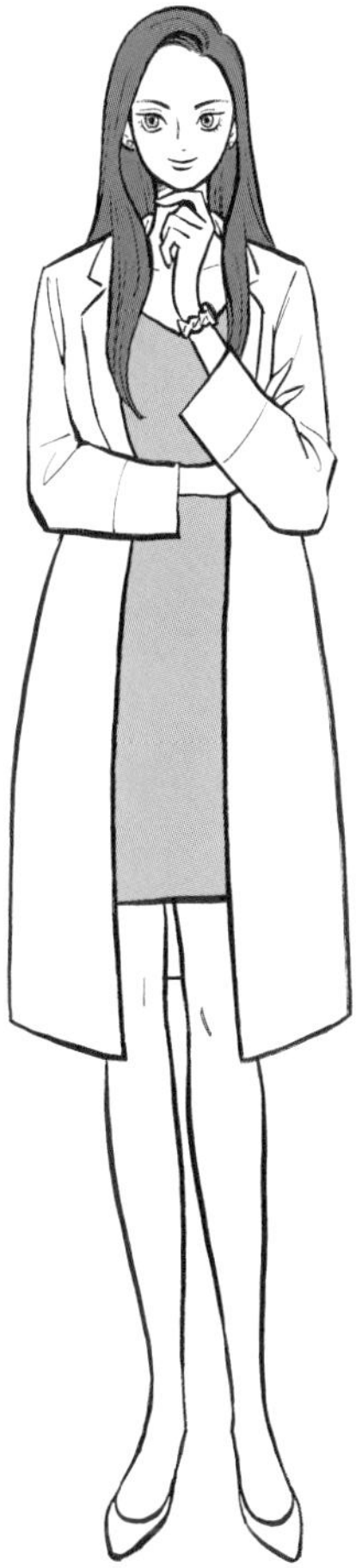

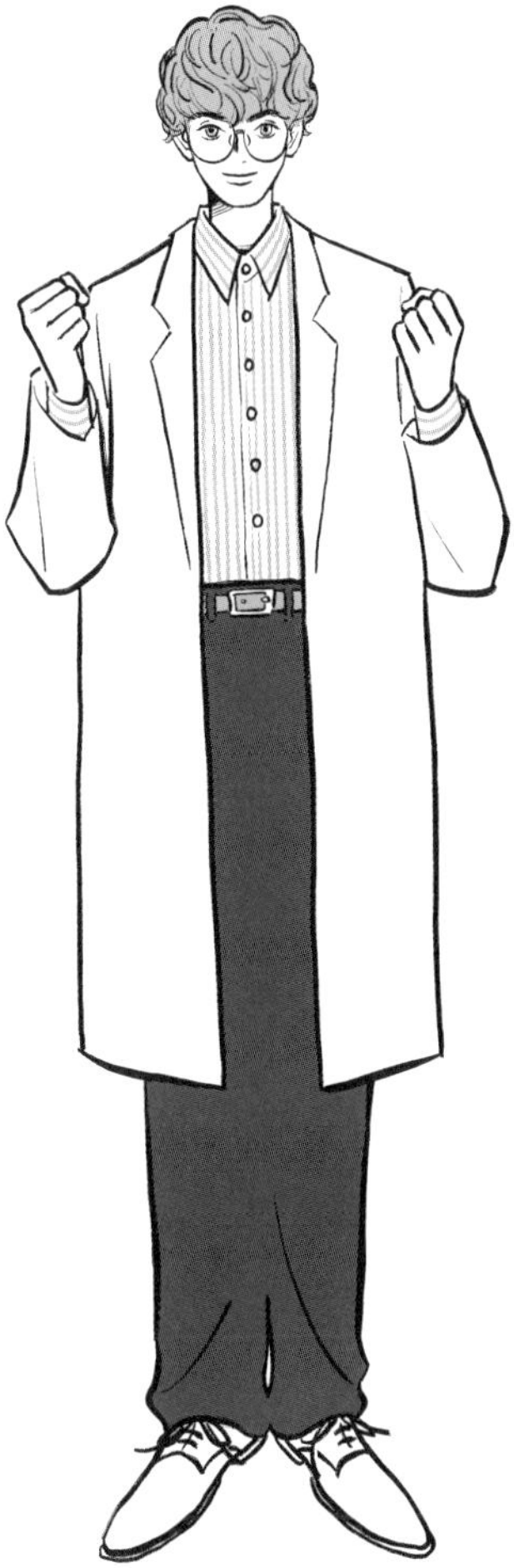

神崎メリ子先生

「メスカ相談所」所長。愛があるけどときどきスパルタ。過去にさまざまな経験があるからこそ刺さる言葉。メスカ考案者。

カズオ

メリ子先生の助手。イケメンだが若干ポンコツ。メリ子先生を慕うもこき使われている。メリ子先生の指南に合いの手を入れるのが主な仕事。

CHAPTER 01
恋愛が長続きしない方

「メス力相談所」では
こんなお客さまがお悩みを解決しています！

新品の下着で
きちゃった♡

Case01
まゆ

Case01
「まゆ」の悩み

趣味命の彼、しかも仕事も多忙！　もっとわたしに夢中になってかまってほしいのに……。それってワガママなの?!

Case02
「リホ」の悩み

つき合ってすぐに半同棲しちゃって「ど本命彼女」から降格中……。そんななか彼のSNSを見たら女の子とのつながりがうじゃうじゃ発覚！「仕事の一環だから」って信じて平気ですか？

CHAPTER 02
ダメな男しか寄ってこない方

セフレになる女なんて
バカだって
思ってたのに…
そのバカに
このわたしが
なるなんて！
Case03
出海

Case03
「出海《いずみ》」の悩み

女として搾取《さくしゅ》される人生なんて絶対に勘弁！ガード堅く警戒心をもって生きてきたのに、一番嫌いなタイプの男にズブズブに沼ってるわたし……。情けなくて誰にも相談できません。どうしたらセフレ沼から抜け出せるのでしょうか……。

Case04
「まりな」の悩み

元カレとセックスレスで破局。そこから女としての自信がなくなって、婚活でも「求められるうちが華だし、Hさせなきゃだめだよね？」って迷走しちゃってます……。自信を取り戻して、男にすがらない女になりたいです！

Case05
「美里《みさと》」の悩み

大好きでたまらない彼は人たらし系のモテ男。わかってます。浮気する男なんてよくないって……。でもどうしても彼以上に好きになれる人なんて現れない気がして……。

CHAPTER 03
彼氏ができない方

Case06
「瀬奈《せな》」の悩み

人間誠実が一番じゃないですか？　隠しごとせず、婚活でも男性と“人として”向き合ってるのに、「君のこと尊敬はしてる、でも女としては……ゴメン」。これ、何回言われたらいいのでしょうか？　やはり男はあざとい女が好きなんですかねぇ？

Case07
「りいさ」の悩み

ぶっちゃけわたし、そこそこモテてきました！　だから、まさかこの年齢まで結婚相手に選ばれないなんて思ってなくて。友だちはみんな玉《たま》の輿《こし》に乗ったり、専業主婦で疎外感ハンパないし、うらやましい！　わたしも玉の輿に乗りたいです～！

Case08
「ふみか」の悩み

恋愛テク使わなくても、男の人ってチョロいですよ。笑顔と涙を使い分ければ、落とせます(笑)……でも誰とつき合っても満たされなくて、わたしのこと本当に愛してくれる人なんてどうせいない､男はいつか裏切るって思いが消えなくて……虚しいです。

わたしのこと
好きなんだ♡
でも
どうせいまだけ！
男なんて
信用できない！
Case08
ふみか

CHAPTER 04
彼氏が結婚してくれない方

だったら
自分ひとりで
やっちゃおう！
相談したら
相手に負担
かけちゃうよね？

Case09
「サオリ」の悩み

絶対に子どもは欲しいって昔から思ってます！　だけど男の人って口では「俺も２人は欲しいな～」って言いながら、いつまでもプロポーズしないし、妊活に対しての意識が低すぎ！　で、つい急かして引かれてしまいます……。

Case10
「真緒《まお》」の悩み

人生で一番言われた言葉は「しっかりしてるよね！」。でも本当はしっかり者を演じてるだけ。彼氏にだって弱みを見せられないし、いつもいろんなことをひとりで抱えてる人生に疲れちゃいました……。こんなわたしでも男性とうまく関係を築くことはできますか？

Case10
真緒

「メス力」必須語録

メリ子先生、わたしどうしたら大好きな彼と幸せになれますか？

メス力

「狩猟本能」「守りたい庇護欲《ひごよく》」「ヒーローになりたい本能」この3つの男心に火をつける力。

ど本命

貴女《あなた》のことが、大好きで大好きでしかたないような全身全霊で愛してくれる男性。もちろん貴女も大好きな相手。

ど本命婚

「ど本命」との結婚。

ど本命クラッシャー

ど本命とのつき合いをぶち壊す行動をとること。「タイプ1：キレる女」「タイプ2：媚《こ》びる女」このどちらかに当てはまるか、もしくは両方に当てはまることも。

ど本命カースト

男性が本能的に女性を判別するときのピラミッド図。

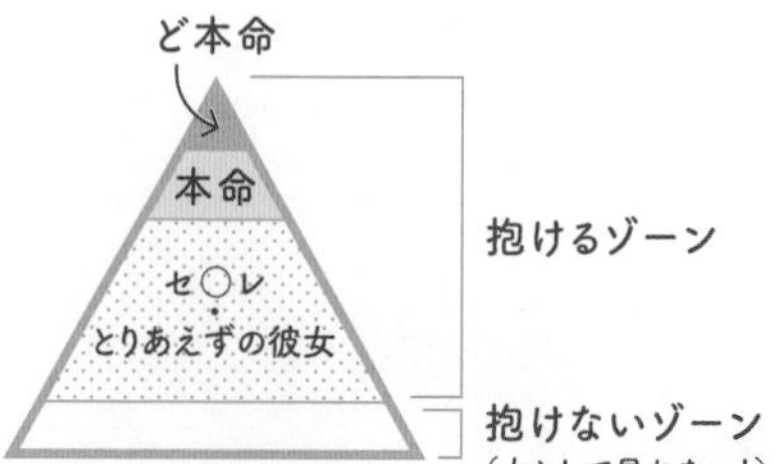

ど本命カースト

プロオカン

大好きな彼にいそいそと尽くし、まるでお母さんのようにあれこれして、もはや恋愛対象として見られなくなった女性のこと。

おクズ様

貴女を雑に扱う男性。気が向いたときだけ呼びつける。束縛して貴女の交友関係を狭くする。貴女より友だちを優先するなど。

既婚おクズ様

既婚者であるにもかかわらず甘いセリフをバンバン展開させて落としにくる。既婚を隠す「既婚隠しおクズ様」も多し。

業界おクズ様

業界（マスコミなど多し）での地位や名誉を利用して女性をたぶらかしにくる。

プロ彼女

芸能人やスポーツ選手などの有名人とつき合う一般女性。一般女性と言ってもモデルのように美しく、料理・気遣いができて、口も堅い。

相談女

人の男に相談をもちかけて親密になり、ゲーム感覚で略奪する女のこと。

ミニミー

Mini Me。貴女のなかの子どもの貴女。小さなころのトラウマを抱える。インナーチャイルドのようなもの。

CONTENTS

PROLOGUE

CHAPTER 01

いつも恋愛が長続きしません。
どうしたらいいですか？

CHAPTER 02
なぜかダメな男しか寄ってきません。どうしたらいいですか？

CHAPTER 03
どうしても彼氏ができません。
どうしたらいいですか？

CHAPTER 04 つき合っているのに結婚に至りません。どうしたらいいですか？

CHAPTER 01

いつも恋愛が長続きしません。どうしたらいいですか？

CASE／01

「ねぇ、そんなことよりわたしのことかまってよ！」

男のひとり時間をゆるせなくて距離を置かれる女

最近彼が忙しくて、2週間ぶりにやっと会えた週末。「悪いけど、俺んち集合でいい？」だって。本当はひさびさに外食したかったんだけど、まぁ彼も疲れているだろうから「いいよ」って、自分の気もちを飲み込んだんだよね。だって疲れてる人に外行きたいってちょっと空気読めないっていうか、ワガママだもんね。

疲れてそうだから「明日はわたしが料理つくるね！ なにがいい？」って聞いたら（＊1）餃子とビールのリクエスト。餃子なら一緒に包んでちょっとイベントっぽいよね♡って気もち立て直して、密かにFrancfrancで新調した、エプロンをバッグに忍ばせる。

「ごめん、ギリまで予定立て込んでてさ」って、彼は忙しそうだからひとりで買い出し。ビールめっちゃ重……。ヒールで来たことマジ後悔……。Uberかカクヤスでビール頼めばよかったかも……。

でもとりあえず彼の家に着いたし、笑顔で過ごすぞ♡

ピンポーン。めちゃくちゃ笑顔でインターフォンのカメラに手を振るわたし。

「ナオくん♡　久しぶり～♡」

「そうだよな、いつぶりだっけ？」

「え～。２週間ぶりだよ～」

「マジかｗ　忙しすぎて時間軸がおかしくなってるわｗ」

「も～。ていうかお腹空いたね！　餃子つくろ！　これビール！　冷蔵庫入れておいて。わたし手洗ってきちゃうね」

彼がビールを冷蔵庫に入れている後ろで、おニューのエプロンを着てワクワクと褒《ほ》められ待ちしちゃうわたしｗ

「ねえ、かわいくない？　コレ！」

「ん？　エプロン？　いいんじゃない？」

「そういえばさ、ナオくんの家ってフープロないよね？」

「フープロ？　なにそれ？」

「野菜をみじん切りにするやつだよ、ないならいろいろみじん切りにしなきゃ、ナオくん一緒にやって♡」

　ふたりでキッチンに立って、ビール片手に料理している時間も悪くないよね。でも、なんか**ナオくんチラチラ時計見てる……？**

「じゃ、包《つつ》も！」

「まゆ、具多すぎじゃね？ w」

「え〜w　ナオくんが少なすぎるんだよ」

「あ、そろそろサッカーの中継はじまるわ」

「え？　今日なんか試合あるの？」

「じつはスポーツの中継見れるチャンネルに入会したんだ〜。お、ちょうどはじまるところだったわ」

　彼は立ち上がるとキッチンで手を洗って、新しいビールを冷蔵庫から取り出した。

「お〜。やばいやばいw　いまのは危なかった〜w」

「ね〜。餃子包まないの？」

「ごめん、なに？　いまいいとこ！」

「……とりあえずお腹空いちゃったから、あるぶん焼くよ〜？」

「はーい、お願い！」

ていうか、餃子リクエストしといてほとんど自分はつくらないんじゃん。しかもなに⁈　**今日俺んちに来いって言ったのは、疲れてるからじゃなくてサッカー観たいからなワケ⁈**　試合はじまってからわたしのほうチラッとも見ないし、マジで来た意味ある？　ま〜いいけど……。ひさびさに会ったのにケンカしたくないしさ。

「ナオく〜ん。焼けたよ〜！」

「あ、うん、ありがと」

ほとんど生返事。完全に試合に魂《たましい》を奪われてるやつ……。

「ね〜、冷めちゃうよ」

「あ、大丈夫、お〜〜‼‼‼　よっしゃ〜〜〜〜〜！」

なにやらゴールが決まったとかで、大声出してご機嫌なナオくん。

「ねぇ、冷めちゃったよ」

栄養ゼリーを飲み込むように、冷めた餃子をビールで流し込み、視線はずーっと画面。そうですか、2週間ぶりに会った彼女のことなんてどうでもいいですか。2時間近くもそんな感じで、わたしひとりで餃子を包んでは焼いて、ナオくんのビールを替えてあげて、今日、来た意味あった？

「あ〜。終わった終わった！　カンパーイ！　って……なんか怒ってる？」

「……別に」（＊2）

本当はその場で言ってやろうかと思った。2週間会えなくてどんなに寂しかったかわかってる？　って。彼女を待たせてる自覚があるなら、ひさびさのデートくらいチヤホヤしてくれてもいいんじゃないの？　って。サッカーなんて中継じゃなくてアーカイブで観ればいいじゃんって。てか、応援してるチームとわたしどっちに興味があるのよって！

「ごめん〜。今日の試合はマジで前々から楽しみにしてたんだって」

「餃子、冷めちゃったよ……」

「冷めてもうまいよ、ほら」

ニコニコしてる（応援してるチームが勝ってご機嫌なんでしょうけど）ナオくんの

顔を見て、またいろいろ飲み込んじゃった。

「まゆ、先にシャワーいいよ、俺ちょっと仕事のメールチェックするわ」

「わかった、お疲れさま、休みの日まで忙しいね」

いい彼女っぽい言葉を投げかけたあと、シャワーで念入りに体を洗うわたし。だって2週間ぶりのアレですもの……。ナオくんも会えない間、ムラムラしたに違いないし、燃え上がりそうな予感ｗ

「ナオくん、シャワーは？　え？」

寝てる?!

ねぇ、セックスは?!　セックスしてないんだけど!?

は？　マジでありえない！

「ナオくん、ナオくん!!!!　起きて!!　シャワー浴びな！」

必死に揺さぶって起こそうとするけど、薄目を開けてトロントロンな顔で「最近、寝てなくて……」ってもう、起きる気ゼロ。

あ、帰ろう（悟り）。

朝起きてわたしがいなくて、やらかしたって反省したらいい（天罰）！（＊3）

帰る。と決めてみたものの、どこかでナオくんが起きてくれるのを期待して。ゆっくりゆっくり着替えて、「帰るからね！」って呼びかけてみたけど、熟睡、反応なし！ムカムカしてエプロンを床に投げつけて、玄関バン！　って閉めて、タクシー待ちしてる間もチラチラ後ろ見るけど、追いかけて来るワケがないよね……。

「方南町《ほうなんちょう》までお願いします」

タクシー代3000円……。マジ無駄。

ていうか、Ｆｒａｎｃｆｒａｎｃのエプロン4800円もしたから！　あ〜、こんなことなら買わなきゃよかった！

だいたいスーパーのお金も精算してないじゃん！　前の女が置いていった調味料か

知らんけど、賞味期限切れまくりだから、今回調味料も揃《そろ》えて1万円近くかかってんだよ！　塩なんか石ころみたいにガッチガチだったし！　それにナオくんビールしか飲まないからいちいち高くつくんだよ！　発泡酒でいいんだよ、こっちは！　な～にが「できれば瓶がいい、無理なら大丈夫」だよ？（怒）。自分でカクヤス頼めや！

そもそも2週間、本当に仕事で忙しかったワケ?!　確証なくない？　だって2週間もセックスしてなかったらフツーはサッカーなんかよりも、襲いかかってくるでしょうが！　男かよ、それでも！

人が球蹴ってるの観るよりヤることがあるだろうが！　会うタイミングに合わせて脱毛の予約調整してんだよ、こっちは！

あ～わかった。わかりましたww　本当はほかに女でもいて、そっち抱いてたんじゃないの～？　フツー、**人家に呼んで寝る？　わたしだからだよ、わたしだからナメてんだよ！**

絶対にそう！　絶対にそう！

別に～、わたしナメられてまでつき合いたくないし～？

って気がついたら、**思ってることを感情のまんま彼にLINEしちゃってた。**

ベッドに入ってさすがにヤバいなってLINEチェックしたら、寝落ちしたまんまみたいで、未読（ホッ）。送信取り消ししとこ……。

メッセージの送信を取り消しました（＊4）

まゆがメッセージの送信を取り消しました
まゆがメッセージの送信を取り消しました
まゆがメッセージの送信を取り消しました
まゆがメッセージの送信を取り消しました

なんだよコレ、コエェ……。起きたらまゆいないし……。おっかねぇ……。

「おはよう。起きたらいなかったからびっくりしたよ。昨日は試合ばっかり観ててごめん、でも帰る前にせめてひと言欲しかったかな……」

「メリ子先生、すごい内容の相談メッセ届いてましたよ！」

「あ〜。送信取り消しのやつ？」

「そうです、そうです、マジでアレ男からしたらホラーですよ！」

「男からしたらホラーねェ。でも気もちはわかるのよね」

「マジすか？」

「どうしてまゆさんがこんな行動をするかわかる？」

「いや〜。謎っすね。普通に翌朝過ごせばいいんじゃないすか？」

「うん、確かにそうなんだけどね、ひさびさに会ったら超イチャイチャしたいものなのよ、女は。**会えない時間が長引いても愛されてる、自分は追いかけられてるって実感したいものなのよ**」

「へ〜？　そういうもんですか？」

「ひさびさの再会だけじゃない、たとえば同棲《どうせい》してたり、結婚してる人からも多いのよ、『**彼が自分の趣味に夢中でかまってくれません**』**ってご相談**」

「え？　趣味に夢中になったらダメなんですか?!」

「ダメじゃないんだけどー。そうね、なによりも自分が一番って実感したいのよね。好きな人からチヤホヤされたりする感覚ってたまらないのよ、女性は。**だからこそその感覚に依存して『最近チヤホヤされ足りない！』ってキレちゃうのよね～。それに男の愛情表現はそこにあると思い込んでしまっているのよ**」

「メリ子先生もそんな時代あったんすか？」

「あはは、貴方ぶっ込んでくるわね～。大有りw　男の自由時間をゆるせない女だったわw　**全神経、全人生、ワタクシに捧げなさい！**　ってw」

「それ、男逃げますよ。マジでw」

「そう、そうなのよ。**男からすると重くてめんどくさい女**なのよね……。だからまゆさんにもそれを伝えて解決していかなきゃね」

✚
✚
✚

「まゆさん、メリ子です。

メッセ拝読しました。その後、彼とはいかが？」


「メリ子先生！　翌日彼に『今日会えない？』って連絡したんですけど、急な仕事が入っちゃったみたいで会えませんでした……。しかもそのあと、彼コロナになっちゃって会えてないんです（涙）。あの日帰らなければよかったなって後悔と、でもわたしのことなんて大切にしてくれないよねって気もちとで、どうしたらいいかわからないんです。

最初のころは『ど本命』対応してくれてたのに、**男の人ってつき合いが長くなると、彼女より趣味とか、仕事とか、自分の時間のほうが大切になるのでしょうか？**

どうしたら彼の優先順位一番になれますか？　メス力教えてください！」


「まゆさん、まず貴女は誤解をしているわ、彼のなかで貴女が趣味や仕事より優先順位が下だって思い込んでしまっているわよね。でもそうじゃないわ。そもそも男性は幸せにしたい女性にめぐり会ったら、仕事に打ち込むものなの。**時代は変わって共働き社会だけども、『この人を幸せにするために稼《かせ》がないと！』って本能的に思うものなのよね。**

しかも恋していると男性ホルモンが高まるから、仕事への意欲も増すものなのよ。

そして男性のことを理解するうえで、すごく大切なことをお伝えするわね。貴女を幸せにするために仕事に打ち込むじゃない？　すると**仕事のストレスを解消するために、ひとり時間、自分の趣味に没頭するものなのよ**」

「そうなんですか？　わたしと会ったりわたしと話すことでストレス発散にはならないんでしょうか？」

「それはね、女性の発想なのよ。わたしたちはおしゃべりとか好きな人とのスキンシップでストレスを発散するでしょう？　**男性は自分の世界に閉じこもって、頭のなかをまったく違う世界にチェンジすることがストレス発散になるのよ。**それは彼みたいにスポーツ観戦だったり、ゲームだったり、車とかパソコンとかそういうことだったり、釣りだったり人それぞれ。**でも、彼らにとってそういう時間が、生きるうえで大切なことなのよ。**わたしたちがおしゃべりが好きなようにね。だから優先順位が下がったなんて思わなくていいの。『思う存分、気分転換しなさいね♡』ってドンとかまえて、まゆさんも過ごせばいいのよ」

「そうですか、わたしの彼氏だけじゃないんですね！　でも今回はどんな対応がベストでしたか？　またサッカー観戦されたらどうしたらいいのかなって……」

「そうね、まず無理に手料理つくらないことね。既婚者だったら料理は生活だけど、**カップル関係で『わたしほっとかれてない？』って気もちのときに、あれこれしてあげると、女性は虚《むな》しい気もちになってしまうのよ。**だからこういうときはそれこそ、Ｕｂｅｒでも買ってきたものでもつまみながら、**『終わったらお話ししよ～ね♡』ってまゆさんも、好きな動画イヤホンで観たりしたらいいんじゃないかしら？**

ちなみにわたしのお友だちはそういうときは近くのＢＡＲで飲んでて、彼のひとり時間が落ち着いたらそこで合流するみたいよ」

「確かに、彼が全然かまってくれなくて、なのに料理が冷めちゃって、すごく虚しい気もちになってました……。ムリに一緒になにかしようとするより、お互いにそれぞれ過ごすことも必要なんですね」

「そう、女性はニコイチというか〝わたしたち一心同体〟みたいなじゃれあいに価値を見出《みいだ》してそうなりたがるけど、それが裏目に出ることがほとんどなのよ。

彼のひとり時間がひと段落して『おいで♡』とかって相手から来たら、心のなかで『よしよし♡　充電完了したかな？』って余裕のある態度で接するといいわよ。

結果として男が手放せない女とはそういうことだから。

それとね、彼目線で想像してみてほしいの。激務の合間で会いたかったのは誰？」

「わたしですね……。なんか自分のことばかり考えてて恥ずかしいです……」

「イチャイチャやチヤホヤだけが男の愛情表現じゃない、忙しい合間でもまゆさんのために時間をつくるのであれば、貴女がＮｏ．１なのよ。同じ空間にいたい女だってことに自信をもってね！　**だからドンとかまえて男はほっとくくらいでヨシ！」**

「はい！　わたしもかまってかまってしすぎていたので、気をつけます！　メリ子先生にＮｏ．１って言ってもらえて、自信湧いてきました！」

「あと、ＬＩＮＥは冷静なときに打つことよ。送信取り消し連打は怖いからやめましょうね。次彼に会えたら、勝手に帰っちゃったこと素直に謝って、あとは過ぎたことにクヨクヨせず、笑顔で過ごしてね♡」

今日はひさびさに会えるしちゃんとしなきゃ。**元彼のときも久しぶりに会えてうれしいハズなのに、変に意地張って突っかかってやらかしたもんな、わたし……。**なにかと悪い方向に考えちゃって、自分勝手にキレちゃうところある。うん、絶対よくない！


「ナオくん久しぶり～」

「ごめんごめん、どっかなかで待ち合わせすればよかった。寒かった？」

「大丈夫、いま来たばっかりだよ。ていうかやっぱり痩《や》せた？」

「うん、まぁでも若干だよ」

「あ、ていうかこの間勝手に帰ってごめんね……」

「うん。起きたらいないしびっくりしたよ。でも俺もゴメン」

きっと昔のわたしだったらここで、「わたしのことほっといてひどくない？」ってはじまったと思う。

「ナオくんも疲れてるのかなって思ってさ」

ちょっぴり嘘《うそ》は方便。

「でも……」

「でも？　ん？　まゆ、なにニヤニヤしてるの？」

「**ひさびさに会えたからだよ♡**」（＊5）

「……（キュン）。まゆ、お腹は？　空いてる？」

「ん、ペコペコってわけじゃないけど。なんで？」

「え〜と、俺、もう濃厚接触ＯＫですｗ」

意味深なほほ笑み（ドヤ顔とも言うｗ）をするナオくん。照れ屋でときどきこういう意味不明な誘い方してくるんだよねｗ
「え？　あ、そういう意味?!　やだ〜なにその言い方ｗ」

「飯の前に……。ダメ？」

「え〜？（ニヤニヤ）」

「いや、なんか……かわいいと思って。ゴメンｗ」

こんなやり取りも前なら「いきなりソレ？　体目的なの？」って意味不明な解釈してキレ散らかしてたと思う。でもナオくんの対応を見てたらわかる。ちゃんとわたしのことが好きだって。そしてムラッとしちゃったんでしょうねってｗ　それに「かわいい」だって～！　照れ屋なのに珍しい！　はぁ、もうわたしもふたりっきりでイチャイチャしたくなってきちゃうじゃん……（萌え）。

「も～♡（照）。いいけど……」

内心ノリノリなくせに、「も～」だの「え～」だの言っちゃうのは女のご愛嬌《あいきょう》。つないだ手がギュッとあたたかくて、そこからお互いの好きが流れ込んで混じり合うような感覚。

誤解が解けて、わだかまってた空気から一瞬で心が重なり合うような瞬間。

こういう瞬間が愛おしくてわたしは恋がやめられない。

今度こそ大好きがずっと続きますように。

◇

「メリ子先生、どうして女の人って、あんなに彼氏と一緒にいたがるんすかね？」

「ヤァね、それは女が愛のイキモノだからよｗ」

「え～。実際束縛じゃないですか？ｗ」

「まぁ、そういう人もいるでしょうね。でも男って縛ると逃げ出すから、引田天功《ひきたてんこう》もびっくりのイリュージョンでｗ」

「なんですかそれ？　四文字熟語すか？」

「……いいから！　はい、今回の『メス力』まとめたの？」

（うわ〜　やっぱメリ子先生おっかね〜）

☑ 男のひとり時間と貴女への愛情は無関係

男性は働いて生きていくうえで「ひとり時間」でストレス解消をするイキモノ。ときにそれは、スポーツや男同士でのアウトドアなど、ひとりきりとは言えないこともあります。でもここで「わたしへの愛がなくなったんだ」「興味が薄れたんだ」ととらえてしまうと、どんどん被害妄想をエスカレートさせて、ケンカを吹っかけたり、爆弾LINEを送りつけたりして、男性は「重い」と引いてしまいます。すると、お互いに愛はあるのにとんでもない方向へと関係がこじれてしまうのです。

☑ キレがちな女性へ
メリ子先生のメス力講座

＊1 尽くし提案はしないこと！

ひさびさに会えるときや、疲れているときなど女性は男性へのチヤホヤ期待値が上がりがち。そういうときに尽くしてしまうと、「ここまでやったんだけど？　もっと褒めてくれたり、感激してくれてもよくない？」など本命クラッシャーしやすい心理に！　ですので、自分の期待値爆上げをコントロールするために「ひさびさだし、ゆっくりしたいからなんか買って食べる？」「軽く外で食べたいな」などのおねだりがベター！

＊2　「別に」は最悪なアンサー

思っていることがあるのに「別に」は、必ずあとで「本当はあのときさ〜」と爆発する予兆です。そして内心相手への不機嫌アピール（察してちゃん）でもあります。本心から「別になんでもないよ」と言えるのであればいいですが、本当は思っていることがあるのなら、「TV終わったら、まゆタイムだからね？」とかわいくスネるフリをしてみたり、伝え方を工夫して本心を伝えるのがベストアンサーでしょう。

＊3　「思い知れ！」的な思考は「メス力」以前

人間に罰を与えてやろう、思い知りなさい！　的な行動は、「メス力」以前に人間としてNGです。おウチデートで男性が寝落ちしてしまうのはあるあるなので、そのまま寝かせてあげましょう。一度起こしてそのまま寝ているのであれば、毛布でもか

けてあげて放っておいていいのです。貴女はベッドで寝てください。寝落ちは怒ることでもなんでもありません。生理現象ですw

＊４　送信は取り消ししない！

別の人に送る内容を誤爆した、間違った情報（お店の地図など）を送ってしまったから取り消した。こういう場合であればいいのですが、送信取り消しは相手に不快感と不信感を与え、精神的に不安定な印象になるのでやめましょう！　ＬＩＮＥは貴女の感情をぶつけるツールではありませんよ。

＊５【キラーメスカ】ケンカのあとでもひさびさに会ったらうれしさを前面に出して！

ひさびさに会ったとき、変に意識しすぎてそっけなくしてしまったりしていませんか？　それだと彼の気もちを惹きつけることができません。たとえ前回ケンカしていたとしても、会った瞬間に勇気を出してうれしそうな笑顔をしてください。**１００の言葉より、笑顔が一発必中です。**

＊余談

彼氏にHを誘われるとすぐに「体目的」と騒ぐ女性がいます。もしも貴女が彼氏に「俺の体目的だろ？　それとも金か？」と言われたらどんな気もちになるでしょうか？　貴女のことを好きな男性が貴女を抱きたくなるのは当たり前のことですよ。

しかも男性は「さぁ、いまからいたしましょう！（据《す》え膳《ぜん》ドーン）」なシチュエーションより、時間がない、いまはダメ、的なシチュエーションに萌えやすいと頭に入れておくといいでしょう（なんの豆知識や……）。

かわいい！　と萌えると、愛おしさが込み上げて、抱きたくなっちゃうのもあるあるですね。

☑ 男のひとり時間を気もちよく送り出すためには？

わたしたち女性も「彼以外のこと」を見つけて、依存しない工夫をすること。そして「金曜の夜はふたりでディナーしたいな♡」とふたり時間を率直におねだりすることです♡

CASE 02

「わたし、なにか手伝えること あるかな？」

男の人生にのめり込んで「重い」と逃げられる女

「ねぇ、ねぇねぇカズオ君、さっきから落ち着きないけどなんなの？」

「え？　なんですか？」

「だから窓から外をチラチラ見たり、目の前チョロチョロされると、気が散るのよ……。ていうか今日水原さんが来るからでしょ～」

「は？　な、なんのことすか（大汗）」

「態度でバレバレなのよね～w　小柄でかわいらしい雰囲気の女性が好きでしょ、アナタ？　言っておくけど、うちご相談者さまとの恋愛禁止だからね～？」

「はァ？　なんにもないですよ！（大汗）」

✚ ✚ ✚

ピンポーン

「こんにちは……」

「こ、こんにちは！　あ、コートお預かりしますね！　寒かったですよね？　すぐお茶淹《い》れますから！」

（カズオのやつ、本当わかりやすい……。顔真っ赤で裏声じゃないの……）

「水原さん、こんにちは。どうぞ、お座りになって。前回のご予約からそんなに日にちが経ってないけれど、あの彼となにかあったのかしら？」

「じつは、一度目の相談のときに、メリ子先生から尽くしすぎてるって言われたじゃないですか？　あのあとまたやらかしちゃって……」

「え？　マジすか?!　すみませんお茶です……（メリ子先生、にらみこぇ～）」

「そう……。クラッシャーしたのね。つらいと思うけれど、話を聞かせてくれる？」

マッチングアプリで知り合った彼は、フォロワー多数のSNSで人気の美容師。

仕事に情熱的で垢抜《あかぬ》けてて出会ってすぐにいいなって思っちゃった。

「俺な、SNSの申し子なんよｗ　先輩がSNSで集客とかうちの店は取り入れたくないとか、古いねん考え方がな。せやから俺がオーナー説得して、いまやインスタ見てくれた人で予約パンパンｗ　あ、リホちゃんも俺のリールに出てくれへん？　ほら！前髪自分で切ってるやろ？」

美容師さんだから顔まわり触ることなんてフツーだと思いつつ、さりげないスキンシップにドキッとしちゃうわたし……。

もしかしてこのままお客さんにされるケースかもと思って警戒してたけど、彼の仕事終わりにデートを重ねて「リホちゃんさ、俺とつき合ってくれへん？」ってちゃんと告白してくれた。「お客さんにされるのかと思ったよｗ」って冗談で突っ込んだら、「わざわざアプリでお客さん探さんよ、俺。そういうの面倒やから」って真面目な顔で説明してくれて……（きゅん）。

そのまま週に2、3回はお泊まりする関係にすぐなっちゃった。でも彼はちゃんと合鍵もくれたし、彼の帰宅を奥さんのように待つ日々。（＊1）

その間、多忙な彼に代わってお部屋の掃除をしたり、隙間時間でコンビニ弁当とか食べてるって言うから、野菜中心の食事をつくって待ってたり。あ、美容師だから体型管理もしたいだろうしね。

でも……。

「ごめんな、今日も遅くなる！　先寝ててや！」
「ごめん、アシスタントに頼まれて練習につき合っとる！」

またなの……。

綺麗に片づいた彼の部屋。

盛りつけまでこだわったハンバーグ。**冷蔵庫に入れて、ギリギリまで帰りを待って、諦めてメイクを落として寝る……。**（＊2）

わたしは朝早い普通の会社員……。

一緒に食事するタイミングなんてなくて、むしろ休みの日も合わないし、「おはよ〜」「ん〜……」「じゃ出勤するから、ハンバーグ食べてね！」「あ〜い、ん……キス……（ちゅ）行ってら……」今日もまともな会話もなしで、すれ違いしかない日々。

毎日真面目に仕事して、ほかの男の人に目もくれず、彼の家で待ってて。華やかさなんてなにもないわたし……。

でも彼のインスタをのぞくと、いつもかわいい女の子たちに囲まれてる……。（＊3）

「へ〜フォロワー2万なんだこの女の子」「トモアキ流！　愛され前髪ねぇ……。別にこの人に前髪切ってもらっても愛されないんだけどね……」ってやさぐれちゃう。

今日は絶対に一緒に夕飯しようね！　って約束した日に限ってまた「ごめん！　後輩とインライして帰る！」

……。

インスタライブ、髪の相談に紛《まぎ》れて、「カッコイイですね♡」「わたしも予約したい♡」「彼女さんいますか?」「イケメン♡」「関西弁大好きw」

下心満載なコメント多くない⁈（涙）

彼女さんいますか？　スルーしないで彼女がいるって言ってよ……。

「トモ、夕飯つくって待ってるよ♡」（＊4）

「え？　なに彼女さん⁈」「誰⁈」「彼女さんっぽいね」「ウケる、彼女いたんだ」

入れちゃった、コメント入れちゃった‼‼

彼は顔色ひとつ変えずに「なんか僕の彼女さん来てますねｗ　僕彼女さんいたんやｗ」って笑って流された……。

「あ〜。彼のライブで彼女アピールしたのね……？」

「そうなんです、やっちゃいました（涙）。それでインライのあとなんですけど……」

ガチャガチャ……


帰ってきた!! どうしよ～！

「なんやの？ 今日のコメント？」

「……」

「俺、つき合うときにゆうたで？ 女の子がお客さまやから、ファンになってもらったり、応援してもらわなアカンって」

「うん……」

「不安なるのはわかる、でもな、だから合鍵渡したり、俺なりに安心させるよう行動してきたつもりや」

「……わかってるよ」

「この業界も甘いもんちゃう、顧客の奪い合いや。しかも俺、いずれは関西に戻らなアカン。ほんま俺、必死やねん。って泣くなや」

「……寂しかったから。トモいつもかわいい子に囲まれてるし……。わたしフォロワーとかいないし……」

「ごめんな、でも俺の仕事のことで悩んでしまうなら、俺ら相性悪いと思うで」

「え……（まさか別れようってこと?!）」

「また別に生活しよか？　リホも自分の生活に戻ったほうがええ」

◇

「って言われて、合鍵取られてしまったんです……」

「そうー。ちなみにこれって、彼と出会ってどのくらいの間の話かしら？」

「つき合って、半年です」

「早いわ〜。水原さん、それは距離感を詰めるのが早すぎるわ」

「そうですか……？　いつもこんな感じで、つき合って盛り上がって、パッて半年くらいで終わっちゃうんです……。交際1年とかいく、まわりのカップルが謎で」

「最初は盛り上がるのね」

「はい、だいたい向こうからつき合おうって押してくるっていうか」

「男性ってね、好みの女性とつき合うときなんかとくにそうなんだけど、異常に距離感を詰めてくるものなのよ」

「そうなんですか？　あ、確かにいままでもそうだった気がします」

「恋愛初期のあの男性のグイグイ来る感じって、好奇心や独占欲や性欲が合わさって一種の暴走状態なのよね。リホさん、貴女に必要なのはそのエネルギーに巻き込まれないことよ」

「どういうことですか？　あまり好きにならないほうがいいってことでしょうか？」

「男性は最初の段階で感情を爆発させるじゃない？　もっと君を知りたい、一緒に住みたいって、**それを真《ま》に受けて自己開示しすぎると、男性は急に素になって『重！』と引いてしまうのよ**」

「え〜。そんなのヒドイ……。でも彼も『ひと目惚れやから、逃したくない！』って『ウチに泊まってよ、ウチから仕事行って』ってすごかったです」

「そのペースに巻き込まれて、『そうか、わたしこの人と結婚するかもしれない』って水原さん、思っちゃったりしなかったかしら？」

「！　はい……」

「だからこそ、率先して家のことをやったのよね」

「～！　そうです……」

「あのね、それを男性は女房面《にょうぼうづら》と言うの。ちょっと親しくなったら奥さんぶってきて重いっていうことよ、メス力では『プロオカン』と呼んでいるけど」

「あ～～。心当たりがあります……。毎回どうしても彼のことお世話しちゃったり、彼のまわりの人に『いい彼女じゃない？』って思われたくて動いてしまったり……」

「わかるわよ、不安なのよ。きっといままでも水原さんはまわりの役に立つことで、自分の存在意義を感じてきたタイプなのよね。**だからどうしても相手とのかかわり方が『世話を焼く』ことになってしまうのよ**」

「は～。どうしたらいいのでしょうか……。男性とのかかわり方がわからなくなってきました……」

（あ、カズオのヤツ、水原さんに、すかさずお茶の替え出してる……、マメね）

「そうね、**大切なことはいたってシンプルよ。つき合う前と生活のペースを大きく変**

えないこと。結婚してもいない男性に尽くす時間、それを貴女自身の時間に充《あ》てたらいいだけなのよ」

「でも彼も忙しいですし、洗濯とかしてあげたら助かりませんか?」

「そもそもね。男性に合鍵をもし渡されたとしても、それで自宅に入ってなにかしないことよ」

「え? それでいいんですか?! 料理したり、家で待ってるのもいいかなって…」

「男性はね、ちょっと不便なくらいな女に夢中になるのよ。ほら言うでしょう? 都合のいい女とかって。**合鍵は受け取るけど『緊急時以外使わないね♡ でもその気もちがうれしい』ってスタンスがいいの。**女性が自由に出入りして、家事でもやってくれるようになった暁《あかつき》には、めんどくさがって自宅デートしかしてくれなくなったうえに『なんか息っ苦しい』とか勝手なことを思うのだから」

「え～。合鍵渡しといてですか? 勝手ですね～」

(……と、言いながらいままでつき合った男性と別れたときのことがよぎる。心当たりしかない……)

「まるで、大学生の息子のワンルームマンションを勝手に掃除しにきてくれるオカンみたいな感じになってしまうワケよ。いい？　つき合ってすぐに相手の生活にのめり込んでいかないで。**ちょこっと気が利《き》くかわいいお客さんくらいの距離でお邪魔して**」

「かわいいお客さん……。どんな感じですか？」

「料理をつくって遅くまで寝ずにメイクしたまま待っているの、最初は男性も喜ぶわよ？　でもすぐに『重い』だとか言い出すのだから。**変に張り切らないで、家にお邪魔する日はあくまでお客さんとして行くの、勝手に漁《あさ》らない、整理しない、キョロキョロ探しものをしない！　『お邪魔させてもらいます♡』スタンスでね**」

「元カノの痕跡とか探してましたー……」

「まぁ、あるあるなのよ。気もちはわかるわ。家事を済ませてジッと待っている姿よりも、『**お邪魔します♡**』**ってあくまで遊びにきてニコニコ過ごしてくれるほうが、男性はず～っと癒《い》やされるのよ。それでちょこっとした栄養ドリンクを『疲れてるでしょ♡』って渡すほうが１００倍気の利く女だと思われるのよ～！**」

「え～?!　面白いですね！　尽くすと重いのに、そんなことで癒やされるとか、気が利くとか……」

「そう、**男性になにかしてあげたくなってしまったら、母性愛で行動するより、ちょこっと気が利くかわいいお客さんを意識してみるといいわ**、やりすぎちゃう人はとくにね」

「でも……彼にはどうしたらいいでしょうか……。もう連絡来ないかもしれません」

「いま彼のなかで水原さんの印象は、辛口になってしまうけど『重い女』なのよね。だから、追いかけるような内容のＬＩＮＥをせずに待つことよ。もちろんインスタをチェックしているのも悟られちゃダメ！　そして今日お伝えしたことを意識してみて」

「わかりました！」

「あ、合鍵の件はもう触れないほうがいいわよ？『また合鍵渡して！』とかはダメよ？サラッとすることが大切だって忘れないこと！」

（ドキッ！……メリ子先生に合鍵の件、いつ切り出そうか考えてた……）

「気合いが入ります（笑）。でも、やれるだけやってみます！」

「メリ子先生、男からしたらあんな子、**尽くさなくても隣で笑ってくれてるだけで幸せですけどね？**　なんで女の子ってそこわかんないんですか？」

「尽くさなきゃ男性をつなぎ止められないって、勘違いしてる女性が多いのよね〜」

「でも世の中には女に尽くしてほしいって男もいるじゃないですか〜？　俺はそんなに偉そうにできないですけどね（キリッ）」

「尽くしてほしいと言いつつもね、尽くされたら重いってなっちゃうのが男性ってものなのよ。本人もそれに気がついてないから困るのよね……」

「どういうことですかね？」

「**尽くされるより、女性を幸せにするほうが満足感が得られるってことを知らないタイプなのよ。**多いんじゃない？　尽くされたい俺と尽くしたいわたし。利害一致してるハズなのに苦しそうなカップル見たことない？」

「あ〜〜、俺も尽くして〜〜〜〜！」

（今日は仕事にならなそうね……）

◇

あの一件から1週間、たまにLINEは来てたけどスルー気味にして過ごしていたら、「今日小籠包《しょうろんぽう》どう?」って焦ったのかお誘いが来た。わたしの好物覚えてくれてたんだってちょっぴりうれしい……。

でも、そもそも外で会うこと自体2か月ぶりとかかも……。つき合ってたった半年なのにね。

「あっち!!」

「だから前にも言ったけど最初にちょこっと噛《か》んで、なかを冷ますのがコツなんだってばw」

「も〜。わからへんって〜。忘れる〜」

「ほらこうやればいいからね?　ん、なに?」

「いや、思ったより元気そうやな〜と思って」

「え？　そう？」

「なんか思い詰めとったやん、リホ」

思ったより早く核心を突いた話をしてくるところ、せっかちなトモらしいな。

でもここで変に焦った反応はよくない、よくない。

自分に言い聞かせて、カラッとした笑顔で切り返す。（＊5）


「あれから考えたんだけどね、わたしトモ中心になりすぎて、自分の生活とかあと回しにしちゃってるなって気がついたの。会わない間、**そうだわたしやることもやりたいこともたくさんあったじゃん！　って目が覚めたんだよねw**」

「いや俺もいろいろ考えてん。こんな話聞きたくないかもしれへんけど、毎回疑われたり、束縛されたりで恋愛終わってしまうねんな」

「そう……」

そりゃトモはカッコイイし、女の子に囲まれてるから、元カノさんが不安になっちゃう気もち、わかる。

「休みも合わへんし、不安にさせてしまうのやろなって。だから合鍵渡したんだけどな。またうまくいかんパターンか？　って、なんかな〜」

「なんかなに？」

「いや、ほらひさびさにピンと来た子やったから……」

「え〜？　どういうこと？ｗ」

「やっぱ好きやねん〜♪　やっぱ好きやねん〜♪」

「やだ、なにその歌ｗ　お店なんだからシー!!」

「たかじん兄さん知らんの?!　はー？　アカンなｗ」

「も〜　茶化さないでｗ　わたし、トモから別れ話されるのかと思って今日来たんだよ」

「え？　俺フラれるんとちゃうの？　ＬＩＮＥもあんま来ぉへんかったし」


なんか予想外だけど、しばらく距離を置いたことでトモのなかで勝手にまた気もちが盛り上がっているみたい。確かに初回の相談でメリ子先生に**「尽くしたり、追いかけないほうが、男性の恋愛感情は燃え続けるのよ」**と言われたっけ？

「え～　どうしよっかな？ｗ　考え中で～す♡」

「イケズやな～ｗ」


「メリ子先生！　メリ子先生！　聞いてくださいよ！」

「なに～、そんなに血相抱えて」

「俺見たんですよ！　水原さんがツートンカラーの男と腕組んで歩いてるの！」

「ツートン？　ごめんなに？」

「え～っとだから、髪色をこっちが白！　こっちが黒！　みたいなヘアカラーで分けるやつですよ！　ＹｏｕＴｕｂｅｒにいそうな！」

「へ～。例の美容師の彼氏さんじゃない？　うまくいってそうね」

「いや～。俺ならあのカラーはしませんね！」

「ねぇ、嫉妬は見苦しいわよ～？ｗ」

「は？　いやいやｗ　違いますよ！　俺はヘアカラーのセンスについて……」

「なんでもいいから、そろそろ加湿器に水入れてくれない？　次の相談者さんの時間だから」

（マジ嫉妬とか意味わかんね〜。でもあの男はないよなぁ……。はぁ水原さん……）

☑ 距離感ゼロで尽くすより、ご機嫌でいるほうが愛される！

「彼女=彼の身のまわりのことに干渉する権利」と勝手にとらえてしまって、距離感ゼロになってしまう女性がいます。そうして尽くすことで相手の生活にどんどん入り込んで「わたしのこともう手放せないでしょ♡」とアピールしてしまった結果、つき合う前はあんなに情熱的だった男性を「わ〜。なんか重いかも」と引かせてしまうのです。

☑ 尽くしてしまう女性へ
メリ子先生のメス力講座

＊1 お泊まりは週2まで！

おつき合いして早々に体の関係になるのを焦らないで！　が「メス力」ですが、それを抜きにしても半同棲状態になるのはご法度！　男性を無駄に安心させ、結婚までの道のりが遠のくだけですよ。メリハリの効いた関係をキープするために週2回程度のお泊まりにしましょう。

＊2　毎回待たれると男性はプレッシャーになる！

いろいろとやむをえない状況で、おうちで彼の帰りを待つこともあるでしょう。毎回手料理を準備したり、ましてや眠い目をこすって帰りをジッと待っていると、仕事で疲れて帰宅する男性にプレッシャーをかけてしまうのです。「お疲れ、先に寝るね」とひと言LINEをして寝てしまいましょう。

＊3　彼のSNSを監視しない

いまの時代、仕事柄SNSを活用している人も多いことでしょう。女性フォロワーとどんなやり取りをしているかを監視して、いちいち不安になるくらいなら、彼のSNSをチェックしないでください！

＊4　SNSのコメントなどで存在アピールしない

彼のSNSのコメント欄などで、彼女とわかるようなコメントをしたり、「ここ楽しかったね♡」と一緒に行ったのはわたしですよアピールをする女性は、「重い！」と思われがちな傾向があります。要は男性にマーキングをしているのですよね。こういった行動をする女性のことを男性は追いかけたいとは思いません。アピールした結果、ほかに追いかけたい女性を探し求める結果になってしまうことも?!

＊5【キラーメスカ】核心を突かれたとき不安を爆発させない！

男性から核心を突いた話をされたとき、尽くすタイプの女性がやらかしてしまいがちなのが、「だってわたしこんなに尽くしてきたのに、ひどくない?!」と相手を責めるクラッシャーです。

これをしてしまうと、男性は（勝手に尽くしてきたのはそっちでは？）と引いてしまいます。そして「俺には君を幸せにできない」と切り出されてしまうのです。

ここで不安を爆発させずに「わたしも自分のことなおざりにしちゃってた！」と自分の反省点を切り出せるかで、男性との関係が変わってきます。尽くして重い、そして責める。こんな女性からは男性は逃げ出してしまうと覚えておきましょう！

☑ 尽くしてしまいそうになったら？

尽くしてしまう女性は距離感が家族、すなわちオカンなのです。かわいいお客さまの距離感を意識しましょう。

そのうえで**貴女が笑顔でいること。それが一番の尽くしなのです。**月1〜くらいの感覚で「これ♡」とドリンクなどを差し入れするくらいの尽くし行為でOKですよ！

なお、高額差し入れは相手へのプレッシャーになります（またまた重ッ）。1000円以内に収めてくださいね。

CHAPTER 02

なぜかダメな男しか寄ってきません。どうしたらいいですか？

CASE／03

「バカな女にだけはなりたくなかったのに……！」

ガード固く生きてきたのにおクズ様から離れられない女

「あ〜ストップストップ！　動かないで」

「え？　なに？」

「ヤバ！　出ちゃったよ〜。イズミの腰使いスゴイからw」

「え？　え？」

「ゴメンゴメン。あ、どいて？」

「いや、良二さん……（愕然《がくぜん》）。妊娠したらどうするんですか……」

「え〜？　なんかさほら、ピルあるんじゃないの？　飲んでおきなよw」

「……」

「……怒っちゃった？」

「…………」

「……あ、そういえば俺さ来週、デカい案件あって忙しいんだよな〜。今日は帰って資料づくりだわ、思い出した」

「帰るんですか……？」

「うん、帰るわ。ピル飲んでおきなね？　イズミも仕事がんばる時期って言ってたじゃん？」

「……」

「案件落ち着いたら連絡するからさ♡」

つき合ってくれない男、斉藤良二。広告マン32歳。月に数回気まぐれに連絡してきて、うちでセックスつき宿泊プラン（勝手に）していく関係。

「イズミさ、デザインとか広告とか興味あるって言ってなかった？　大学の先輩が飲み会やるんだけど、そこにそれ系の人来るから来ない？」

いつもだったら絶対に「陽キャが多そう……」って断る誘い。

転職のことで悩んでいて「いや、異業種の人とも交流して情報収集すべきか？」と顔を出したのが運のツキ。

あいさつが妙にフレンドリーでこなれていて、いかにも〝広告マン〟って感じで警戒してたタイプ……。仕事について熱く語る姿とか見て、いつの間にかこうなってしまっていた……。

最悪……。苛立《いらだ》ちすぎて眠れない……。

11月の東京、小春日和《こはるびより》。わざわざ半休取って婦人科。

しまったな、ここ妊婦も多いし混んでるんだった……。

はぁ、みなさん幸せそうなことで。

そもそもなんでこんなことになってしまったのであろうか？

故郷の同級生たちはロクに勉強もせず、「今度の彼氏、奈々子の元カレなんだよね〜」

と同じネタしか来ない回転寿司みたいな恋愛ごっこ三昧《さんまい》。そして二十歳そこらで結婚。出かける先は例のショッピングモールしかなく、週末になれば安い土地の広い庭でバーベキュー。

そうして一生を井の中の蛙《かわず》として生きていくだけ。ええ、きっと子孫も同じループでしょうね。

絶対にそれはゆるせなかった。

だから青春ゴッコしてるまわりに流されずに、大学入学で上京することだけを目標にガリガリ勉強してきた。

いざ上京して驚いた。東京（ここ）には育ちがよく、見た目もよく、コミュ力も高く、頭脳まで賢い生粋《きっすい》の陽キャがゴロゴロしていて……。

ショック案件。それなりに地頭のよさを自負してきたが、わたしこそ井の中の蛙だったのだと突きつけられた。

でも、それでも腐らずにやってきたのですよ。田舎でくすぶってるあいつらとわたしは違うって、言い聞かせて。

後ろ盾のない東京で、仕送りもなく生きていくことがどんなに過酷だと思います？

パパママの脛《すね》かじりで、いつまでも実家依存してるあいつらとわたしは違う。


で、その結果がこのザマ？

つき合ってもくれぬ男に中出しをされて、こんな天気のいい日にデートではなく、アフターピルをもらってる。これがわたしの上京生活の答え？


「どうしよう〜。生理来ないかも〜」

そんなふうに悩む女をわたしは心底見下していましたさ。

「バカだね、避妊の主導権も握れないなんて。あまりに女として、バカ！　せめて黙ってピルでも服用するべきでは？」と。

わたしもそうすべきだった。**でもそれはすなわち「つき合ってくれない男に避妊せずにセックスさせることを自分にゆるしてしまう」こと。あまりに惨《みじ》めではないか。**

見下していた女たちと同じだって直視しなくてはならないではないか。

だからわたしはあえて見て見ぬフリをした。「まさかなかに出すことはないであろう」

と、相手の良心にわずかながらの期待を寄せて。（＊1）

「大木さん、２番でお会計お願いいたします～」

「あ、はい……」

は？　高っ！

つき合ってもない男、しかもいつも寝っ転がってるだけの男の上でせっせと腰を動かした代償がコレ?!

はははははははははははははははは。２万弱！

うわ……、良二さんからＬＩＮＥ。珍しい、うちに来たらしばらく連絡してこないのに……。

「泉おはよ～♪　ちゃんとピル飲んだ？　赤ちゃんが来ちゃう前に飲まないとダメだよ～ｗ」

あ、もうムリ。


「メリ子先生、今週の土曜のキャンセル枠、新規の予約入れちゃっていいですか？」

「いいわよ、新規のお客さんね、相談内容も添付《てんぷ》来てる？」

「来てますよ、セフレについてですね。離れられなくて苦しいそうです」

「セフレね～。**女性も最初は軽い気もちなのよね。でもだいたい、カラダの関係を何度も重ねると気もちが入っちゃうのよね。**君たち男性と違って」

「男をひとくくりにしないでもらえませんか～?!」

「あら、貴方はつくったことないのね、セフレ」

「いや～。結果としてつき合わなかったことは……」

「へぇ、1回限りってこと？」

「あ、数回……？　ってやめてくださいよ～」

「ゴメンゴメンw　で、なんでつき合わなかったワケ？」

「いや、ぶっちゃけつき合うまでじゃなかったですね、**ていうか、男は好きな女ならちゃんとしますよ！　ちゃんとせずズルズルセフレになるのは正直遊びでしかないですね**」

「まぁ普通に考えてそうよね」

「俺は本気になられると面倒なんで深入りしませんけど……。**なかにはいっぱいセフレつくったり、わざわざ本気にさせる男もいますから！**」

「女性側もね、わかってはいるのよ。愛されてないって。でも離れられない理由があったりするのよね」

「あ〜……。アレがいいとかですか？」

「だいたいはそうじゃないと思うわ〜（この子には言えないけど、うまい男なんてそうそういないって話なのよね〜w）。**寂しさだったりね、振り向かせたいって変な執着心だったり、**そこは人によるから話を聞いてみてよね」

「寂しさか〜。好きになってくれない男に抱かれても余計寂しそうですけどね……謎だな〜！　女心！」

「いいから！　予約表埋めておいて！（女の弱点を突くんじゃないわよ……。まったく！）」

（俺のこと根掘り葉掘り聞いといて、いきなり打ち切りだもんな〜！　あ〜おっかねぇw）

恋愛の悩みを素人に話しても意味がない。

「わたしなんてもっとヒドイ男いたんだよ〜」って会話泥棒されるだけ。ネットの口コミで見つけた「神崎メリ子　メス力相談所」で相談するべきだと判断した。

自分のことを冷静な性格だと思ってきたが、勘違い。あんな男に1年もハマり込んでこんな有様になっても心のどこかで期待している……。

そんなわたしに冷静さなど備《そな》わってはいないのだと……。

だいたいこんな悩み、友人などに話せるワケがなかろうよ。「え？　イズミ、広告マンのセフレしてたの?!　意外！」と変に好奇心を刺激してしまうのでは……。ましてやほとんど恋愛経験のない（と思われているであろう）わたしがアフターピルを飲む事態に陥《おちい》っているだなんて……。同情だけはされたくない。なら、見ず知らずのプロにさっさと吐き出して、解決策を聞き出すのが一番の得策だ。

✚
✚
✚

「失礼します。14時に予約の大木と申します」

「こんにちは～！　お待ちしておりました」

え？　この若い男？　この人がまさか神崎メリ子……？　口コミにはそんな情報なかったが？

「奥の席で先生がお待ちです」

あぁ、安心した。若い男に恋愛の悩みなんて話せるワケがない。

「はじめまして、大木さん。神崎です」

「はじめまして。よろしくお願いします」

「お悩み、いただいたメール拝読しました。改めて聞かせていただけるかしら？」

「はい……5個上の男性とあの、体だけの関係というか……」

「セフレってことでよろしいかしら？」

「あ、まぁそういうことです……。バカな女だとわかってはいるんですけど……。なんていうか『もう会わない』のひと言が言えなくて……」

なんておバカな悩みだろう。セフレを切ることができない。そんなのブロックでもしたら1秒で解決できる問題じゃないか……。

「好きになってしまったのかしら？　その彼のいいところを教えていただける？」

「好きなところ……」

「そう、わたしも長い人生のなかでいろんな恋をしてきたわ、それこそいいとは言えない男性ともねw　**でもそういう男性と離れられないときって、自分のなかで『この人のここがいい』と感じている理由があるものなのよね。**いいって部分が打算的だったりすることもあるのだけどね、たとえばお金もってるとかね」

「キラキラしているんです」

「キラキラ？」

「はい、彼は広告の世界にいて、クリエイティブで、有名人とかとも個人的に親しくしていて……。そういう話を聞いてると、自分まで特別になった気がするというか……。すみません、なんかお恥ずかしい理由で……」

「わかるわよ。実際うちに相談に来てくれる方も業界の人とか、有名な人との関係で悩んでる方も多いの。**そういう人に選ばれたような特別感がね、自尊心をくすぐられたり、『せっかくこういう人と関係もてたんだから〝ど本命〟になりたい！』って執着してしまったりするのよね。そして彼らもそれをわかっていて武器にしているの**」

「……わたし、女としての自分に自信がなくて。男性が苦手で飲み会とかでも端《はじ》に座って話しかけられないようにしたり……。でも、彼はわざわざ隣の席に来て『君、面白そう』って話しかけてくれたんです」

「そう」

「こういうタイプと話合わなそうって思ってたんですけど、趣味の話とかも意外と合って、仕事にも前向きになれる話とかしてくれて……。その日はＬＩＮＥ交換だけだったんですけど、週末にふたりで会うことになって、そこではじめて男性から『かわいい』って言われたんです」

（あ〜そうだ。そうだった。あはは、わたしってなんてチョロいんだろう）

「なるほどね、さすがというか、**そういうタイプの男性って、相手がどんな言葉をかけると落ちるのか？　経験値としてわかっているのよね**」

「家に来てからも『イズミはかわいいし、頭のいい子なんだから自信もちなよ』って言ってくれて……。でもつき合ってはくれないんですよね！　自信なんてもてませんよ」（＊2）

上京して垢抜けてかわいい子、ずば抜けて地頭のいい子。たくさん触れ合う機会があった。心のどこかで自分は特別なんだって信じてきたものが、ポッキリと折れた。**でも彼は、彼だけは、たとえつき合えなくても、わたしのよさをわかってくれてる人なんだってすがってた……**。

「**大木さん、男性の本音は言葉ではなく行動に出るわ**。きっと貴女ならそれが理解できるハズよ」

「はい……」

「わたしもね、若いころは自分に自信がもてなかったのよ。でもそういうときっておクズ様が寄ってきやすいのよ。彼らの嗅覚《きゅうかく》はハイエナ並みよ〜？　**自己肯定感低そうな女性を瞬時に見抜いて、どこを突けば都合よくコントロールできるのか？　見抜く**

のよね」

「どうしたらいいでしょうか……」

「人間、〝特別な誰か〟になる必要はないの。そこを目指すと他人と比較して苦しくなるだけで、自己肯定感も下がっていくわ」

「はい……」

「でも誰かにとって特別な女《ヒト》になりたいじゃない？　セフレなんかじゃなくって」

「はい、間違いないです」

「なら貴女が自分を特別扱いするのよ、**誰かの評価で特別になるのではなくね。特別って、自分を大切に扱うことなの。**この地球上で自分のことを『世界でたったひとりのわたし』だと思って大切にしてあげて。それにはまず大切に扱ってくれない人間とは縁を切ることよ。大木さん、甘い言葉に踊らされて搾取《さくしゅ》されてはダメよ。**貴女の承認欲求を満たすフリして、自分の欲求を満たす道具にしていると気がついてほしいの**」

「できますかね……」

「できるわよ、よく思い出してみて？　**彼はキチンと貴女のことを見ている？　貴女の話を覚えていたり、約束を守ってくれたり**」

「約束なんて。そもそもしたこともないです！w　いつも一方的に会いにきて、コトが済んだらすぐに寝て」（＊3）

（確かに彼はわたしのことを褒めてくれるけど、かわいいとか頭いいとか、誰にでも言えることだった……わたしの職種すら覚えてなかったような？）

「じつは彼、避妊してくれなくって……。アフターピル飲んだりしたんです。それでお話聞いてもらおうと思って今日来ました」

「ええ?!　とんでもない男ね?!　だいたい自分勝手な男性なんて、ヘッタクソでしょう?!　女性のことより、自分自分だもの！　あ、ヤダ辛口でごめんなさいね」

「すみません、わたしも笑いが……w」

「大木さん、今日すぐに吹っ切れなくても、**そんな男性とは二度と肉体関係になってはダメよ。**自分を大切にすることがどういうことなのか？　考えてみてね」

「はい！　あと……。わたしの地元の友人たちなんですが……。ほとんどがもう子どももいて、なんかこんなふうに都会に出てきて男に騙されてしまうと、彼女たちの人生のほうが正解だったのかな？　なんて考えちゃいます」

「故郷を守ってくれる人たちがいるのね。それはそれよ。大木さんみたいに都会で社会に貢献する人もいる。みんな社会の大きな歯車のひとつ。さっきも話したけれど、〝特別な誰か〟なんていないわよ」

（故郷を守ってくれてる人たち……かぁ。そんなふうに考えたことなかったな……）

「メリ子先生、アレですね、業界おクズ様でしたね」
「まぁね、地位や名誉を手に入れた男性のなかには、それが武器になるとわかっていて利用する人もいるわ」
「地位や名誉か〜」
「女性は妊娠や性犯罪のリスクがあるのだから、スペックや甘い言葉に踊らされず、相手の本質を見極めることが必要なのよ」

「でもやっぱハイスペってモテますよね？」

「そりゃ努力の証しだもの。でも人間同士のつき合いってそれだけじゃないってことよ。貴方もかわいいけど性悪《しょうわる》な女性……あ、むしろ好き？ｗ」

「ないですないです、やっぱ心の清らかな女性が好きですね！」

（こういう男が清純派性悪に騙されるのよね……ｗ）

◇

どうしよう。勝手にブロックするべきか？

いや、ひと言、言ってやるべきか。

「良二さん、おひさしぶりです。あのあとアフターピル飲んで無事に生理が来ました。妊娠の可能性はありませんのでご安心ください。また、今後は会うこともやめたいので連絡してこないでください。よろしくお願いします」

あ、既読早い。

「生理了解☆　安心した！　なんだよ～泉さみしいこと言うなよ～！　でもいつでもムラムラしたら俺の体お貸しするよ笑。イキやすいからがまんできないでしょ?笑」

……キモっ。なんでこんな男にすがってたのか?!

「前にも何度か言いましたが泉ではなく出海《いずみ》です。またあなたとの性交でいったことは一度もありません。心底気もち悪いですね。ブロックします」

あはははははは！　言ってやった！　スッキリ！　あぁなんて下品でなんて下劣なLINEをこのわたしが！　あはははは！　ヘタクソめ！　あ～～～～～～～～～～～！　絶対幸せになってやる！　ちくしょう!!

☑ 時代がいかように変化しようとも男は本気なら必ずつき合う！

「いまは仕事が忙しくて」「元カノがメンヘラ化して別れてくれなくて」「嫁に借金あるからすぐには離婚できない」「でも君といると癒やされるんだ！」

おクズ様のこんな言葉に惑《まど》わされてはいませんか？

あたかもつき合えない理由が正当かのように話をする……。または独特の圧を出し「わたしとつき合う気ある？」なんて聞けない雰囲気を放つ……。

どんな形にせよ、はっきり交際してくれない男性は、100パーセント遊び目的です。たとえ彼が大スターであったとしても、男性は本気の女性（ど本命）とめぐり会ったら曖昧な関係にはしません。なぜなら惚れた女性が誰かに盗《と》られることが絶対にイヤだからです。

男性の行動原理はシンプルです。セフレにされている、意味不明に関係を隠されている場合、「あ〜わたしのこと本気じゃないんだな」と悟ってください。

☑ セフレにされてしまう女性へ メリ子先生のメス力講座

＊1 性に関することは主導権を握れ！

そもそもおつき合いしていない男性との性交は避けてほしいのですが、避妊に関することはハッキリと口に出すべきです。「着けなきゃしないよ」と自分の体を守ってください。

＊2 男の言葉ではなく行動を見よ！

つき合う気のない男性ほど、ペラッペラと甘い言葉を吐く傾向があります。もちろん、誠実な男性も褒めてはくれることでしょうが、誠実な男性はまず告白するなり、おつき合いするなりします！　セフレにされてしまいやすい女性は、行動よりも口先を盲信的に信じてしまう傾向があるうえに、おクズ様にそこを見抜かれてしまっているのです。

＊3　約束不可能な男とはかかわらない

これはセフレ関係だけではありませんが、事前に会う約束ができない男性（いつも相手の都合で突然）とかかわっていると、貴女の時間すべてが相手に握られてしまうことになります。四六時中、スマホを握りしめて彼からの「今日会える？」を待ち続け、プライベートも、仕事もボロボロになってしまうことでしょう。

セフレ男の心理

彼らはどういう言葉を貴女にかければ、体をゆるしてくれるのか？　本能的にも、経験値としても、わかっています。

なのでときには「かわいそうな俺」を演出して、「この人のことわたししかわかってあげられないの……」という形で貴女の承認欲求を満たそうとしてくることでしょう。プライドが高く恋愛経験があまりない女性のことはチヤホヤ扱い、恋愛経験がないコンプレックスを満たそうとしてくることでしょう（本来、それはコンプレックスに思う必要のない部分なのですが）。

逆にチヤホヤされてきた女性には、俺様にふるまったりして刺激を与えます。貴女のキャラクターによっておクズ様のふるまいは変化しますが、その心はひとつ。「つき合うとか面倒なしに女と◯りたい」これだけです。

どんなに気があるフリをしていたとしても、貴女という人間には興味はなく、女体としてしか見られていないのです。

☑ セフレ目的の男に惑わされないためには？

言葉よりも行動を見る。とはいえ、セフレ目的の男性も1～2か月は誠実そうなフリをして「いい男行動」を取れたりするもの。

男性から口説かれたら、じっくりと3か月は見て（肉体関係を結ばない！）、行動と言葉にチグハグな部分はないか？　こちらの話をちゃんと聞いているか（〝俺話〟しかしないか）、しかも次回も話の内容を覚えているか？　はっきり「つき合う」という言葉はあるか？　つき合ってすぐ体の関係を急《せ》かしてこないか？　見極めてくださいね。

女性は愛してくれない男性に抱かれると、ハマり、そして傷つき、自己肯定感がどんどん減っていきますよ。自分を大切にしましょう。

CASE 04

「どうしておクズ様ばっかり寄ってきちゃうの？」失恋が原因で迷走している女

「最近はマッチングアプリの相談が多いわね〜。10年くらい前までは考えられなかったわよ。カズオ君もアプリやってるの？」

「え？　俺ですか？　最近はやってないですね」

「あら、やってない理由、差し支えなかったら教えてくれる？」

「いや〜女の子とお茶とかご飯すると、ご馳走《ちそう》するじゃないですか？　月に数人それやったらけっこうな金額になるんですよ。なかには『ご馳走さま』も言わない子もいたりして……。けっこう男側もしんどいんですよね……」

「なるほどね〜。お茶だけして盛り上がらずに解散……。確かに何人も繰り返してたらしんどいわよね」

「あきらかに食費浮かせにきてる子とか、ホント頭にきますよｗ」

「まぁまぁまぁｗ　今日の相談もアプリ系なのよ。『おクズ様ばかり寄ってきます』って、あ、そうそう加湿器チェックしてくれる？　女の肌に乾燥は大敵よ～？　ほら唇パリパリになってるわ！　急いでくれる？」

「承知です～」

ピンポーン

✚✚✚

「こんにちは～。えと、ここって」

「こんにちは～。メス力相談所です」

「あ、15時に予約した井上まりなです！」

「はい、お待ちしておりました！　先生は奥の席でお待ちになっているので」

（ちょっとカズオ君てば、加湿器にお水セットしてないじゃないの！）

「こんにちは～。よろしくお願いします～」

「こんにちは、井上さん。事前にご相談のほういただいているけれど、お話うかがっていいかしら？」（カズオ！　加湿器！）

親族経営の会社で事務員として働いています。そりゃもう、出会いなんてどこにもありません！　高校時代からつき合ってた彼に浮気されて、別れてから3年……そろそろ出会いを探さなきゃなって、マッチングアプリをはじめたのはいいのですが……。

世の中の男性って、み～んな下心しかないのかなって絶望しています！

たとえば、先々月会った男性A。

渋谷駅で12時に待ち合わせしていたのに、当日の11時に「ごめんなさい！　急遽《きゅうきょ》歯医者に行かなくちゃいけなくなって、12時に間に合いません」ってギリギリで連絡来て。もう出る準備完了してるのに〜!

でもまぁしかたないなって、そういうこともあるよねと思って「了解です、時間変えますか?」って返事をしたら、「うちの最寄り駅のほうで待ち合わせ変更できませんか? こちらが歯医者の間に向かってもらえるといいかと!」って……。**え〜? と思いつつも、経堂駅までわざわざ向かったんです**(*1)

それでAさんと駅で待ち合わせしたんですけど、ひどいんですよ〜!

開口一番、「さて、なんか買って俺のうち行きますか!」

ハァ〜? なくないですか〜?!

「いきなり家はありえないです」って言ってるのにしつこくて! 腕とか引っ張ってきたんで、無理矢理ふりほどいて改札戻って帰ったんですよ。

そしたら、「調子に乗るなよ、ブス! 暇だからちょっと相手してやろうと思っただけw 実物ヤバいし俺のほうこそゴメンだしw 遠出お疲れw」ってLINE来た

んですよ（怒）。


1回お茶してバイバイした人とかでも「いい人だったかも？」ってこっちは思ってるのに、「本当は俺に抱かれたかったかな？（笑）」「スカートから見える脚エロくてクソやばかったw」とかLINEがめちゃくちゃキモくて！

ていうか、それ以前にメッセージとかもいやらしいのが多すぎて……。


「そうなのね、ちなみに元カレと別れてからはおつき合いした人はいないのかしら？」

「おつき合いっていうか、ん～おつき合いなのかな……。1か月だけつき合った？人はいます」

「その人との話を聞かせていただけるかしら？」


半年前に1か月だけおつき合いしたBっていう人がいました。

メッセージのやり取りでも気が合って。そもそもいやらしいこととか送ってこないし、常識的な人だな～って惹かれて会うことにしたんですよ。

なんかもう、ちゃんとしたレストラン予約してくれた時点でわたしもテンション上がっちゃって。（＊2）

だって最近スタバとか（各自精算で！）、お茶代も渋る男性多いんですよ。格好とかも清潔感あって、話も気遣いしてくれて……。

あ～こういう人とつき合えたらいいかも、まで思っちゃって。

そしたら帰りに「まだ会って1回目でこんなこと言うの変だと思うけど、俺と真剣につき合ってもらえませんか？」って告白されて……。

「そのままおつき合いしたのかしら？」

「はい」

「差し支えなければお聞きしたいのだけど、1か月の交際期間で体の関係はあったのかしら？」

「はい、その日にホテルに行きました」

「なるほど、お答えしてくれてありがとう。その後なぜ彼と別れることになったのかしら？」

その日のうちに結ばれて、バイバイして翌日連絡が来なかったんですよね。（＊3）

ちょっと寂しいな、いままで毎日やり取りしてたのに。今日は忙しいのかな？　ってあんまり深く考えないようにしてたんですね。その翌々日だったかにまた連絡が来て、週末会うことになって。

でも直前で「残業になったから、夕飯先に食べててくれると助かる、終わったら連絡する」みたいな連絡があって、会えたのが23時くらいで。

その日はそのままホテル直行だったんですよ。ちょっと引っかかったけど、忙しいのにわざわざ会いに来てくれたんだよね！　って気もち切り替えて。

それが金曜日だったかな。土曜のチェックアウトのあと、「ごめんね、仕事があるから！　また連絡する」ってその場で解散になったんですね。

ひとりでホテル街から駅まで歩くのがなんとなく寂しいっていうか、惨めな気もちになって……。この人本当に大丈夫かな？　ってそこで感じだしちゃって。そのまま月曜日まで連絡も来ませんでした。

翌週も金曜の夜、軽くご飯してホテルで翌日解散で。おかしいなって思ってアプリ確認したら、**彼ログインしていたんですよ！　しかもプロフィール写真も変わってて……。あきらかにただログインしただけじゃないんです！**

それでいてもたってもいられなくて、「アプリにログインしてるの？」ってＬＩＮＥしたら「怖ｗ　まだ有料期間だからｗ」って。

それでそのまま連絡取れなくなっちゃいました。ブロックされたんだと思います……。

「こんな感じで下心のある男の人しか出会えてないんです。自分のなにが悪いのかわからなくって……。なんかもう本当に疲れちゃって……。そしたらＴｗｉｔｔｅｒの婚活垢の方が『メス力相談所で相談するのがオススメだよ』ってリプしてくれて、今日来ました。わたし、幸せになれますかね？」

「なれるわよ。でもそれにはまず、まりなさんが『自分は幸せになる』って決めることなのよね。焦りの気持ちで行動を起こすと、必ず裏目に出てしまうわよ。なぜだかわかる？」

「ガッついちゃうとかですか？」

「そうね……。**まず大切なことをお伝えしたいのだけど、言い寄ってくる男性の100パーセントが体目的よ**」

「え？　100パーセントですか?!」

「**そうよ、たとえど本命の男性だとしても、好きな女性と肉体的に結ばれたいと願うのは当たり前のことでしょう？**」

「そうですね、確かに！　女性でも好きな人と結ばれたいですもん！」

「そうそうw　素直な方なのね、まりなさん」

「あ～……そうなんです。なんか男の人の言うこと、素直に真に受けちゃうところもあるかもです（涙）」

「そうね～。それでさっきのお話の続きだけども、**なかには愛情のカケラもなくて、性欲発散の道具として狙ってくる男性とか、ゲーム感覚で女性を落としにくる男性とかも紛れ込んでいるということよ。むしろそっちが言い寄ってくる男性の8割ね**」

「は、8割もですか?!」

「そう、**逆に言うとまりなさんが悪いのではなく、異性と出会いを求める場に行くと**

８割はそういう男性だってことなのよ」

「しんどいです～（涙）」

「だからこそ、わたしたち女性は焦っちゃダメ！　しっかり慎重にならなくてはいけないのよ。できれば会う前の段階で、そういう体目的の『おクズ様』をシャットアウトすることが大切だけど……１００パーセントシャットアウトするのは不可能だとしても」

「ほとんどが下心ある感じのメッセージなんですが……」

「あ、そうそうカズオ君、貴方どんな女性だといいと感じる？」

「え?!　俺ですか？（いきなりすぎるだろ～）」

「助手のカズオね。彼もアプリやってるってさっき話してたところなのよ」

「あ～。普通に爽《さわ》やかな感じのプロフィール写真の人とかですかね……」

「そう、ちなみにまりなさんはどんな写真を載せているの？」

「あ、ちょっと待ってください……。こんな感じです」

「なにかしら……。この**顔に白い斑点《はんてん》がついてる加工……**」

「あ、それ男的に**マジで別人が来たらどうしよう**ってかまえられちゃうやつです！」

（急に前のめりで画面見てくるじゃない、カズオ君ｗ）

「え～！　〝盛《も》れる〟から使ってましたｗ」

「ま！　水着?!」

「はい。友だちから『**まりなはもっと色気をアピールしたほうがいいよ**』って言われて……」

「**水着はヤバいですよ！　『この子男のこと誘ってるな』って男が勘違いするヤツです！**」

さっきの加工の怖さも帳消しになりますねｗ」

「ありがとうカズオ君、加湿器にお水入れてくれる？　あと、あの封筒だけど郵便局に出してきてほしいの。すぐにお願いね」

「承知いたしました～」（はいはい、捌《は》けなさい命令きましたｗ）

「ごめんなさいね、騒がしくて。ところで水着の写真を載せたほうがいいってアドバイスくれたお友だちだけど、どうしてそんなアドバイスをくれたのか、まりなさん心当たりはないかしら？」

「あ～……じつはつき合いの長かった元カレなんですけど『**もう女じゃなくて家族み**

たいにしか思えない』って、その……レスが原因でフラれたんです。友だちはそれを知ってるから、色気を出したほうがいいって言ったんだと思います」

「なるほどね。まりなさん、もしかしてさっきの1か月だけつき合った彼に迫られて断れなかったりしたのかしら？」

「はい。**なんかもうレスになって悩みたくないとか、せっかく好きになってくれてH誘ってくれたんだから、断ったらもう次がないかなって変に焦っちゃって……。**（＊4）かといって下心バレバレな男の人はキモいんですけど」

「なるほどね、わかったわ。まりなさんに限らず、**レス関連にしろ浮気関連にしろ、女性としての自信を大きく失ってしまうと、ちょっとでも真剣ふうに好意を向けてくれた男性に飛びついてしまう傾向があるのよ**」

「あぁ……」

「傷ついた心を癒やしたいって、寂しさや焦りの感情が出てしまうのよね。とくにレス。女性は本当に傷つくのよ。男性は基本的に女性を抱きたいサガのハズなのに、そんなにわたしに魅力ない？　って」

（まりなさん、黙って頷いてるわね……）

「だからと言って、好きでもない男性やただ性欲を向けてくるだけの男性に求められたいワケじゃないのよね」

「はい、そうじゃないんです。わたしはただ好きな人と抱きしめ合ったり……もちろん体の関係も欲しいですが……安心がしたいんです……」

「多くの女性が望んでいるのは、心も体も満たされる関係。だから、よくわからない男性から性欲だけ向けられ続けると疲弊してしまうのよね」

「でも、またレスになるのも怖いんです」

「性については相性もあるし、**なによりも女性が自信をもってふるまうことも重要よ**」

「自信ですか？」

「そう、**抱いてほしそうにウジウジされると男性は性欲が掻《か》き立てられなかったりね。**でも、それよりもまりなさんにとって大切なことは**『またレスになったらどうしよう』って思い込みから抜け出すことよ**」

「めちゃくちゃそればかり考えちゃいます」

「**前の恋愛での傷がまた繰り返されると思い込んでしまうと、結果としてやっぱり同じことになってしまうのよ。『この人ともレスになったらどうしよう』って顔色をう**

かがってしまうでしょう？　すると……」

「ウジウジ……やっぱりレスになるってことですね？」

「そうなのよ、**そしてね『女としてわたしは魅力がない』って思い込んでいると、告白してくる男に飛びついてしまったり、男性の本音を見極める力が弱くなって同じ失敗を繰り返してしまうの**」

「もう思い当たるフシばっかりで心が痛いです〜！」

「まりなさん。貴女を傷つけた人の言葉に振り回されるのはやめましょ？　**元カレのヒドい言葉が浮かんだら、心のなかで大きな声で『わたしはいい女』って言って自分のイメージを塗り替えてみて**」

「わかりました、元カレの言葉が忘れられなくて……迷走してました……」

「そう、それと相手が誠実だってしっかり見極めるまで、体の関係を結んではダメよ？体の関係を結んでしまうと女性は執着してしまうのだから」

「はい、流されないようにします！」

「それと、プロフィールの写真から水着とその加工の写真は変えておいてねw　当たり前のことなんだけど、露出度が高いとそれだけ『おクズ様』が寄ってきやすいのだから」

「すぐ変えますｗ」

「あと繰り返すわよ、言い寄ってくる男性のほとんどが体目的、だから『わたしに原因があるのかな』ってあまり落ち込まないでね」

「ど本命に出会うのも大変ですねｗ　でもがんばります！」

＋
＋
＋

「いや〜。女性の感性って不思議ですね！　**水着とか露出度高い写真なんて男はガッつきOKだととらえちゃいますよ！**　あれ、誘うつもりで載せてるってことじゃないんですよね？」

「あのね〜。そういう意味で誘う気のある女性だったら、もっと違うアプリやってると思うわよ？　あ、郵便局ありがとう！」

「男もけっこうズルいところあるんで、つき合う対象になる子には真面目そうとか、清楚《せいそ》とか、あんまり擦《す》れてなさそうとか求めちゃうんですよ」

「まぁ、女性だって同じよ。**ただ、結婚適齢期になると過去の恋愛でいろいろとトラウマこじらせちゃってるうえに、焦りの気もちまで芽生えちゃうから迷走してしまいがちで、おクズ様基準がゆるゆるになるのよ**」

「**ぶっちゃけ男からしたら、焦ってる女性って遊び目的だったら扱いやすいですよ！**

真剣につき合うとか、結婚とかそういう言葉言えばいいかなって」

「変に遊び慣れた男性とか、既婚おクズ様がそういうことペラペラ言いがちよね〜。本当、絶滅してくれないかしら〜」

「メッセでエロいこと送る男とか、俺からすると焦りがヤバいですｗ」

「へ〜。まるでナンパし慣れたプロみたいな意見ねｗ」

「あ、いや、俺は真面目ですから！」

焦ってガッつかないこと！　男の人の本音を見極めること！
わかってはいるけれど、ちょっとでも紳士っぽくされたら舞い上がっちゃってたのも事実……（わたしってば、情けない）。

でも、メリ子先生からのアドバイス
「本気か見極めきれてない男性からキスされそうになったら、『つき合ってない人とはしないよ♡』って言うのよ。そのときの相手の反応をチェックして！　無論、『じゃあつき合おう』とかNGよw」
「告白されても飛びつかないの。『ど本命』かを見極めてからOKするのよ？」
をお守りに今日もデート。

Cさん、普通に気を使ってくれて、まずちゃんと笑顔で話をしてくれる（本当、笑顔すらない男の人多いんだけど……）。しかも3回目！　そもそもなかなか2回目につながらないのに、けっこういい感じ？　って期待しちゃってる（あ～ダメダメ！）。

「3回目のデートで告白されない場合脈なし」ってTwitterで読んだし、でもメス力的にはちゃんと「ど本命」じゃなきゃダメだし！　混乱する！

いやいや、メス力優先で！


しかも今日ははじめての飲み。って言ってもお酒弱いから1杯だけでｗ

「まりなちゃん、クリスマスってどう過ごすの？」

「え？　あ～とくに予定は決めてないかも……？」

「そっか～。俺も空いてるよ？」

「え、あ、うん（どういう意味？）」

「俺の彼女として一緒に過ごさない？　なんちゃってｗ」


あぁ、これメス力で読んだ！

「ちゃんとシラフで言ってくれたら、考えますよ♡」（＊5）

「え～。マジか～ｗ」

「だってほら、もう5杯くらい飲んでるし？w　お水頼みますか？」

「まりなちゃん、余裕あるな〜……。わかりました！　シラフで言わせてもらいます！

だから、今日はもう1杯だけおつき合いしてもらってもいいですか？w」


この人が「ど本命」になるのかはまだわからない。

ていうか、まだ「わたしのこと好きなんだろうな」って確信がない。

でも、以前のわたしなら言っちゃってたな。


「喜んでクリスマス一緒に過ごさせてください♡」


惚れられてる確信もないのに、3回目告白セオリーに踊らされて、Hして、クリスマス当日になったら音信不通にされて……。

は〜。もうそういうのうんざり！

傷ついたぶん、警戒しちゃう。

警戒してるくせに、押されるとすぐゆるんじゃう。

警戒ていうか大切なのはちゃんと、相手を見ることだよね。
その意識があるだけで本当笑っちゃうくらい、男の人の下心がめちゃくちゃわかるw　本当、ウケるw

もう簡単にわたし落ちないよ、だっていい女になるって、幸せになるって決めたんだもん。

「いいですよ、もう一杯！　わたしはジンジャーエールで♡」

☑自己肯定感が下がっていると女は焦ってガッつく！

出会いを求めてもどうも空回りしちゃう原因のひとつに「過去の恋愛で受けた心の傷がトラウマ化している」があります。とくに裏切られたり、フラれたケースの場合、とっても自己肯定感が下がってしまっています。

そのまま異性と接していると「わたしなんて魅力的じゃないし、この人逃したら言い寄ってくれる人なんていないかも」みたいな焦りの感情がベースとなってしまうのですよね。

すると面白いくらい「おクズ様」がワラワラと集まってきます（そもそも言い寄ってくる男性の8割は本気じゃない男性なのですが）。

ただ体目的ならまだマシでしょう。知らず知らずのうちに金づるにされてしまったり、誰がどう見ても「いや、その男既婚者じゃない？」「え？　詐欺《さぎ》」と、「おクズ中のおクズ様」のカモにされやすいのですよね。彼らは女性の焦りの感情をかぎつけるプロなのです。

☑焦りからすぐに舞い上がってしまう女性へ　メリ子先生のメス力講座

＊1　相手都合の場所変更は怪しんで！

デートの待ち合わせ場所を突然変更されたり、相手にとって都合のいい場所を指定されたりする時点で、日程変更をするのがベストでしょう（つき合う前の段階です）。のこのこと出向かないでください！　その時点で焦りを見透かされ、軽んじられてしまいますよ。また、男性側は自宅に連れ込むことを計算している可能性があります。とくに婚活など、相手の素性がよくわからない場合は注意です（同様の相談多数）。

＊2　素敵シチュエーションに酔わない

女性慣れしている男性は素敵シチュエーションを演出するのが上手です。シチュエーションに酔ってしまうと、男性の本心が誠意か性意かわからなくなってしまいますよ！

＊3　すぐにHしない！

とりあえずHするためにアプリを利用している男性もいることをお忘れなく（大量に）。告白されたり、口説かれるたびにHしていたら、性病などをうつされたり、そのまま音信不通にされたり、心身共に疲弊してしまいますよ！

＊4　Hを断るのが申し訳ないという謎思考

自己肯定感が低いと「Hを断ったら嫌われちゃう」など謎の思考回路になってしまいがち。Hを断って貴女を嫌う男性、そもそも貴女のこと好きでもなんでもありません。女体としてしか見えていません。元カレとたとえレスが原因で別れたとしても、次つき合う男性とは関係のないことなのです。貴女には魅力がありますよ。その魅力は、貴女を大切にしてくれる男性とだけ分かち合えばいいことなのです。

＊5【キラーメスカ】
酔って告白されたときのメスカ

お酒の勢いを借りて告白する男性がまぁまぁいます。それは「ど本命」でも「おクズ様」でもある傾向なのですよね（前者は勇気づけ、後者はお酒の勢い）。「ど本命」であれば、改めてちゃんと告白してくれることでしょう。そしてそれはふたりにとって思い出になるハズ♡

「おクズ様」はいろんな変化球を投げてきがちです。なので、告白の有無や〝3回目告白セオリー〟に惑わされず、貴女への対応全般に誠意があるのか、目を光らせてくださいね。

☑ トラウマからの焦りを断ち切るためには？

また騙されたらどうしよう……。裏切られたら？　と怯《おび》えるより、「別に焦ってつき合う意味なんてないしw　ゆっくり見極めさせてもらおう」と相手の人柄をジックリ観察することが大切なのです。この思考でいると、自然と過去のトラウマより、目の前の現実に意識を向けられるようになりますよ。

CASE 05

誠実さゼロの男から離れられない女

「わたし、彼のど本命だと信じていいんですよね……？」

「普通さ～。自分の彼氏が養育費払ってなかったら、彼女だったら『そういうところちゃんとしな』って言うと思うんだよね～」

また、わたしへの嫌味……。

わたしの彼はバツイチ、最悪なことに元奥さんがわたしと同じショッピングモールで働きだした。休憩所で鉢合《はちあ》わせると、ああやって他人と話をするフリして、わたしへの嫌味を大声で言ってくる。

「常識ないんだよね～。結局似たもの同士がくっつくんだろうけど～」

それは結婚して子どもまでつくったそちらも一緒でしょ？　ブーメランになってるのいい加減気づけばいいのに。

腹立つけど気づかないフリして無視！

「美里《みさと》さんお帰りなさい～！　わたしも休憩入っていいですか～？　あれ、どうしました？　また川崎さんになんか言われました？」

「え、あ～ううん、別に？　なんか変わったことなかった？　休憩入っちゃって～」

ニコニコ笑顔で媚を売ってくる後輩。

馬鹿正直に彼の悩みを話していたら、あっという間にこのモール中に筒抜《つつぬ》け！　スーパーのおばちゃんにまで、「あらアナタ恋愛で悩んどーと？」って聞かれる始末（怒）。

は～……。田舎って本当にイヤ。会いたくない人と顔を合わせなきゃ生活していけないし、プライバシーなんてまったくない……。

そしてなにより、最近彼が全然会ってくれない。

彼の家の前をこっそり通って車があるか確認……。

彼女なのになにやっているんだろ？　「今日なにしてるの？」ってLINEしたら、

翌朝「ゴメン、寝てたわ」ってさ、車なかったの確認してんだけどね……。（＊1）

交際3年、「は？　家にいなかったよね？」って聞けない関係ってどうなの……。

会えても「お金ないけん、立て替えてくれん？」って謎の金欠。

子どもの養育費、滞《とどこお》ってるんだかなんだか知らないけど、こっちだってお金かけてもらってないし！

は〜。結婚資金を貯めてるとか、そういうポジティブな予感がしないんだよね……。

こんな悩み誰にも言えない……。また面白おかしくネタにされるだけ……。

顔を合わせれば親は「結婚はね？」ってうるさいし。

あ、そうだ。う〜ん、どうだろう。最近連絡取ってなかったし……。でも、誰かに聞いてもらえないともう精神的に逃げ場が、ない！

ＬＩＮＥしちゃおう。

「出海《いずみ》、元気してる？　美里だよ」

「おぉ珍しい！　元気してるよ。美里は？　わたしに連絡してくるなんて、なんかあった？」


高校時代の同級生、出海。グループは違ったけど、おすすめの本の交換とかで個人的にやり取りしていた子。優秀でさっさと東京に出ていっちゃったけど、数年に1回近況報告するゆるい関係。

ふっと昔からわたしのことを知っていて、しがらみのない彼女に話を聞いてもらいたくなった。……彼女が恋愛の話が得意かわからないけど。


「相変わらず勘が鋭い！　つき合ってる人のことでちょっと意見聞きたくて」

「わたしに恋愛のこと聞くかねw　彼氏ってわたし知ってる人？」

「伊藤光って知ってる？」

「同級生だよね？　話したことはないけど。ていうかその人、高校出てすぐ結婚してなかった？」

「子ども産まれてすぐ離婚したんだよね。でさ、元奥さんと同じショッピングモールでわたし働いてるのよ。それで顔合わせると養育費払えってわたしに嫌味言ってくるの（涙）」

「個人間でやり取りしてほしい案件だなそれは。それ彼氏に伝えたらなんて？」

「最近全然会ってないのよ」

「なるほど……。わたしに相談するよりプロに相談したほうがいい。よければいい人紹介するよ。ネットでも相談できたはず」

「え？　占い師？♡」

「違うw　リンク送るわ」

出海から「メス力相談所」なる怪しげなサイトが送られてきたけど、なんだかな〜。

知らない人に相談するのも……。

はぁ、とりあえず光に電話してみよう……。今日は出ますように……。


「うい」

出た！


「今日、なにしてるの？」

「寝よっかなって……」

「いまから会えないかな？」

「金ないから外はムリ、ていうか本当に疲れてるけん、またにして」

「わかった……」

「あい」

は〜〜〜〜〜〜〜〜〜〜〜〜〜〜〜〜〜〜〜〜〜。

ねぇ、この人彼氏だよね？　彼氏なのになんで「会えない？」ってたったひと言聞くのにこんなに緊張するんだろう。(＊2)

そしてなんで会ってくれないんだろう?!　もういい、寝る！

「美里さん、おはようございまぁす♡」

「おはよう……（全然寝れなかったし……）」

「そういえば、川崎さんに『おたくの上司、どういう金銭感覚してるの？』って言われたんです〜。大丈夫ですか〜？　話、聞きますよ〜？」

はぁ?!　あの女！　この子になんの関係が！

そしてこの子……。心配そうにしてるけど、ニヤニヤが抑え切れてないんですけど……。いかにも「面白そうなこと起きた」って感じてるのがバレバレ！

も〜全部、彼のせいだよ！

彼のせいでわたし、職場でもこんなに肩身狭い思いして！

話もできない、会えない！　どうなってるのよ！

もう、限界！


「メリ子先生、メッセ相談の新規予約が来てます」

「どんな内容？　あとでじっくり読むから要約してくれない？」

「え〜と、会えない、金ない、養育費払わない男の相談ですね」

「元旦那の相談？」

「あ、そういうことじゃないですね。彼氏が元嫁に養育費払わなくて、いまつき合ってる相談者さんがそのことで、元嫁からいろいろ言われるみたいな」

「はいはい、トラブルメーカーおクズ様ね〜」

「なんですか？　それ」

「自分の人生の不始末の後処理もできない、だらしない男のことよ。養育費払わないなんてしょうもない……OK、あとで返信するわ」

＋＋＋

「美里さん、メリ子です。メッセ拝読しました。

　彼とは最近まったく会えず、元奥様との話も聞けない状況ということで間違いないかしら？　LINEではやり取りしていますか？」

「メリ子先生、はじめまして。返信ありがとうございます。LINEでも全然やり取りできていません。半年前くらいから急にLINEでも連絡取りにくくなって、会えるのも月1とかで、今月はまだ会えていません」

「それ以前は、元奥様の話とかなにか耳にしたことはあるかしら？」

「はい。つき合う前から彼がバツイチなのは知っていましたが、つき合うときに、子どもが成人するまでは養育費を払うつもりだから、そのへんわかってくれる子じゃないとつき合えないって念押しされました」

「そうなのね、お子さんには会っている様子はあった？」

「前まではたぶん1、2か月に1回は会ってたと思います。わたしもそのへんは理解してつき合ってきたつもりなんで、会うなとかは言ったことなかったです。それが急に元奥さんから絡まれるようになって困惑していて……。それまでは休憩室で会っても、お互いスルーが暗黙の了解だったので……」

「そうなのね、そしたら彼氏さんと美里さんのこれまでの関係について、いくつか質問してもいいかしら？」

「はい、もちろんです。ちょっと仕事に戻るのでのちほど返信いたします」

メリ子先生とのやり取り気になるのに！　仕事に戻らなきゃ！


「ねぇ」

川崎さん！

「あなたと光、つき合ってるの？」

「そうですけど……」

「やっぱ知らないんだ。なら教えてあげるね。わたし、昨日光と会って話したよ」

「え?!」

「あいつさ、再婚するんだよ」

「は?!　え？　誰と?!　え？」

「隣町の餃子の大王、知ってるよね？　あそこの店長の娘」

「え？　え？　え？　どういうこと？　あそこの店長、だって……」


わたしの一番上の兄と同級生だよ?!

「あそこの店長の娘って、いくつなの！」

「18。まだこーこーせーだって。しかも妊婦さ〜ん」

「はぁぁジュウハチ〜〜〜？」

「だから養育費払えないってさ！　クソ男！　うちの子になんて説明したらいいのよ（怒）。父親が高校生妊娠させたなんて。は〜〜〜〜〜。早くとっ捕まえて話したほうがいいよ、あいつここから引っ越すつもりだから」

ひざから崩れ落ちて、なにひとつ考えられない……。光が再婚？　18歳？　しかも妊娠って?!　嘘でしょ？　川崎さんのつくり話？　でしょ?!

「……あとさ、いろいといままで誤解しててゴメン……」

本当……なんだ………。

わ〜〜〜〜〜〜〜〜〜〜〜〜〜〜〜〜〜〜〜〜〜〜〜〜〜！

ピンポーン
ピンポーンピンポーンピンポーンピンポーンピンポーン！

ドンドンドンドンドン「ひかるッ！　いるんでしょ?!　開けてよ!!!!」

ガチャ……「おいおい、なんだよ、急に……」

「ねぇ！　餃子の大王の娘、妊娠させて結婚するって本当?!」

「あ～……うん」

光は一瞬でいろいろ悟ったかのようで、心底ダルそうな顔であっさり認めた。

「マジゴメン、遊びだったんだけど、その……男の責任ってやつで……」


責任……。責任とはなに？　3年つき合ったわたしへの責任は？

子どもへの責任は？

高校生に手を出して妊娠させるだなんて、大人としての責任は？

誰よりも無責任なクソ男じゃん。

笑かすなよ。

と思った瞬間、3年ぶんの「なんで」が止まらなくなった。

「ていうかさ、前から思ってたんだけど、いっつも自分都合でしか会えなかったじゃん。あれはなんで？

わたし！　会えるときは料理したり、掃除してあげたり、いろいろあんたのためにやってきたつもりだけど、まともにお礼してくれなかったよね？

ねぇなんで？　ありがとうも言えない環境で育ったんですかッ！

子どものこと受け入れてくれないとつき合えないって言うから、わたしそれなりに本気のつき合いだと思って覚悟したんだけど？

こっちのこと遊びだったってこと？　ねぇ、なんでどういうつもりでアラサーの女と3年もつき合ってきたのよ！　わたし！　あんたと結婚するために、真面目に！　一途《いちず》に！　あんたのことだけ見ちょったけん！　言いたいこともがまんして！　合わせてたのわかって高校生と、浮気したとね？

高校生って、あんた犯罪だよ！　わかってんのね？　ていうか〜。浮気、今回がはじめてじゃないの知ってるんだからね！　それでもわたしに戻ってきてくれたらいいって、言わんでがまんしちょった！

馬鹿にせんで！　馬鹿にせんでぇ!!!!!!」

もう涙も鼻水も感情も爆発して止まらない。

かわいく見られたい、めんどくさい女だって思われたくない。

そうやってがまんしてたモノが一気にあふれ出した。


「ゴメン……」

「ゴメンじゃなくて。もっとなんか言ったらどうなのよ?!　卑怯者《ひきょうもの》～！」

「あ～……俺、情けなか～！　全部俺が悪かった……俺がダメな男なんだよ、あ～～～～～～～」


なぜか号泣する、光。は？　なんでお前が……？

あ、こいつ「情けない俺」モードに入った。

そう、いつもそう。ちょっとのことでも突《つつ》くと、そうやって逃げてきた男だった。まともに話し合いもできなくて「俺が不甲斐《ふがい》ないから」ってすぐ壁つくって。シラケる。バッカ馬鹿し！　こんな男に3年！


「帰るん……？」

「……」

「美里ォ〜。幸せになれよォ〜最後に、抱き締めさせて」

「は？　無責任男、死ね！」

ドアを思い切り閉めて車へ走った。

けど光、追いかけてくれない……。そりゃそうだよね……。


「メリ子先生、遅くなりました。いろいろと状況が変わってしまいました。彼はわたし以外にも女がいて、高校生妊娠させて結婚するそうです。さっき会って3

年間溜まっていたものぶちまけてきました。

本当はほかにも浮気してるの知っていたんです。今回で本当に終わりです」

「美里さん、大変な思いをしたのね。そしてこれまでも浮気をされていたことに気がついていたのね。どうして彼から離れられなかったか？　そのときの気もちを教えていただけるかしら」

浮気をゆるした気もち……。

だってわたしが追いかけて、やっと光とつき合うチャンスをつかんだから。

高校に入学してすぐ、ひと目見て恋に落ちた。

高身長でまわりから頭ひとつ抜けていて、肩幅ががっしりしていて、俳優みたいに整った顔……。ちょっぴり悪そうで、中心人物で、なのに笑うとめちゃくちゃかわいい……。

彼に少しでも近づきたくて、大好きだった〝ヲタ的〟な趣味を高校生活では封印して、垢抜けるために努力した。

いわゆる陽キャなグループに馴染《なじ》むために背伸びして……。

全部、光に近づくため。でもモテる人だから、ずっと彼女が替わっていくのを見てるだけ。そして彼女が妊娠したって聞いて諦めた。風の噂で離婚したのは知ってたけど、接点もなく思い出になっていってた。

それからやっと偶然再会して、やっぱり全部が好みで好きすぎた。

自分からＬＩＮＥ交換して、勇気出してデート誘って、尽くして尽くして尽くして……。（＊3）

やっとやっとつき合えた！

光の隣にいられることだけで、光の彼女になれただけで、毎日がうれしくて、抱かれたあと、光の寝顔をなでて幸せだった。

「最近さ、ほかに好きな人いると？」一度だけ聞いたことがある。

光は頭を抱えて「俺がダメな男だから不安にさせるんだな」って涙を流した。

馬鹿みたいだと思われるかもしれないけど、わたしのために泣いてくれたこと、あの大きな体を丸めてる姿、すべてが愛おしくて、もう余計なことは詮索しないでおこうって決めた。

わたしが本命ならそれでいいって。（＊4）

「高校時代にひと目惚れして、ずっと好きでやっとつき合えた人だったんです。だから簡単に離れられなくて、すべてが好みで、ちょっと意味不明なことがあっても流しちゃっていました。余計なことを聞いて、彼に嫌われることのほうが怖くて」

「なるほどね、人間って自分から好きになった人、とくに追いかけて追いかけてつき合えた人にはどうしても執着してしまうものなのよ」

（そうだ、ずっと光のことを追いかけて追いかけてきた。たった一瞬でも、本当の意味で光が振り向いてくれたことってなかったのかもしれない……）

「**そして男性は女性から猛プッシュされると、とりあえずつき合うことができてしまうのよ。**とりあえずの彼女っていうのだけど、わたしたち女性とは違って、ある意味受け皿が大きいからこそなのだけどもね。

でもとりあえずの彼女だと、男性は向き合ってはくれないし、核心的なことを聞こうとするとかわす傾向があるの。または、聞けない空気を出してしまったりね。きっと心当たりがあるから、美里さんも溜まってたものをぶちまけてしまったのではないかしら？」

「間違いないです。彼、核心的なことを聞こうとすると『俺が悪かった』『俺がダメなやつだから』って殻に閉じこもって、しばらく連絡がつかなくなったりしました。**だからわたしも彼との縁が切れたらイヤだなって、言いたいこととか言**

えなくなってしまってました」

（この3年間で楽しいことはたくさんあったと思う。でも心が通じたって感覚はなくて、いつもいつも不安だった。そっか、とりあえずの彼女か……。ハナからわたしと向き合うつもりなんてなかったんだ……）

「悔しいです。ムカつきますけど正直いまでも大好きです。彼以上の人に出会える気がしません。出会えますかね」

「ちゃんと出会えるわ。でもそれには美里さんが、**言いたいことを相手にサクッと伝えるメス力を身につけなきゃいけないと思うの**」

「あ〜……、言いたこと伝えるの苦手です」

「世の中には失礼な人もいたりするわ、**ケンカする必要はまったくないけれど『それ、どういう意味？』くらいのテンションで、ちゃんと自分の意思を表さなけれ**

ば、人間ってね、ちょっとナメてかかってくるものなのよ。とくに彼とつき合ってきたなかで、言いたいことをがまんしてしまうのが習慣化していると思うの。恋愛に限らず、サクッと明るく言いたいことを伝えるクセをつけていってほしいのよ」

「言いたいことをサクッとですね」

「そう、言いたいことをがまんしたつき合いって、**負の感情が心のなかにどんどん溜まって、執着心を生みやすいのよ。**執着心の強い女性は男性から追いかけられたり、強く求められるのが難しいのよ。**なぜなら重いからよ**」

「確かに、彼に対して重くなってたと思います……」

「これからもきっと好きな人は現れるわよ。そのとき、いい女は『重い』と相手に感じさせない工夫をしているの。それが溜めずに言いたいことを明るくサクッと伝えることにつながっていくのよね。**男性は重い女は嫌いだけれども、自分の意思のある明るい女は大好きよ。**その内容が多少ワガママだとしても『かわいい』とすら感じちゃうの。それが**追われるメス力**よ」

「そんなこと考えてみたこともなかったです。残念なことにもう彼には試せませんが……」

「そうね、でも恋愛に限らず『溜めないこと』を意識して、これから少しずつ失恋で傷ついた心を癒やしていってほしいわ」

「ありがとうございます。またなにかあったとき相談に乗ってください！」

✚ ✚ ✚

「メリ子先生、俺よくないと思うんですよ。**女の子の溜めてドッカーン！　あれ、男**

なんで溜めちゃうんですかね？」

からしたら『そのときに言ってよ！』ですからね！

「そりゃ、好きな人に嫌われたくないからよ」

「でも溜めて言うほうが嫌われちゃいますよ？」

「それが女性はイマイチわかってないのよ。自分ががまんさえすればどうにかなるって思っちゃうのよね」

「どうにかなってる女の子、見たことないですよw　あのドッカーン！　本当に怖いですからw」

「でもほら、浮気する男も最低でしょ〜？」

「そういう男は気がついたらさっさとお見切りしたほうがいいですね、男から見ても治りませんから、クズですよ。お、ク、ズ」

「そう言うカズオ君は浮気した経験ないわけ？w」

「あ、加湿器水入れてきま〜す！」

どんなにつらい失恋をしても、毎日は続いていく。泣いて泣き叫んで、一睡もできなくても、自分の食いぶちは自分で稼がなきゃいけない。

あ、川崎さん……。

「どうなったとね？」

「終わりました」

「それでいいと思う。まだよかったよ、わたしはあいつの子どもを育てていかなきゃいけない。子どもはかわいいけどね」

川崎さんとの間に不思議と心が通じたような、そんな空気が一瞬流れた。

光とはそんな感覚、あったっけ……。

「美里さん美里さん！　川崎さんとなに話してたんですか～？　聞かせてくださいよ～！」

おはよう、野次馬《やじうま》ちゃん。

「え〜。だって芽衣ちゃん、おしゃべりだからな〜w」

「え？　え？　しゃべってないですよ〜！　誰に聞いたんですかぁ〜？」

ふふ、焦ってる焦ってる。

言えなかった「おしゃべりさん」、こんなにサクッと言えばスッキリしたんだ。

勝手にイライラモヤモヤしてること多かったんだな、わたし。


そうだ、出海にもＬＩＮＥで報告しておこう。


「出海、メリ子先生に相談していろいろと対策も聞けたよ、改めてありがとう」

「彼氏との問題は解決した？」

「高校生妊娠させて、再婚するって。なんと元奥さんが教えてくれて修羅場《しゅらば》だったよ。さすがにもう別れた」

「うわぁ……犯罪では……。よかったよ美里、そいつと結婚してなくて。おクズ中のおクズ様でもはや草」

「出海。ひさびさにお正月こっちに戻ってこないの？」

「今年は戻ろうと思う。こちらもとっておきのおクズ様エピソードあるから楽しみにしてて」

「了解、初詣《はつもうで》でもぜひ一緒に！」

☑ 好みど真ん中の男だと「おクズ様」だろうが執着してしまう！

あきらかに「おクズ様」の彼氏から離れられない女性の傾向として、相手に片思いをしていた期間があったり、見た目や生活スタイルなどを含めて好みど真ん中という傾向があります。

好みど真ん中の男性とおつき合いしてしまうと、ほかの男性にまったく魅力を感じなくなってしまうものなのです。その結果、相手が誠実かどうかということより、「これ以上好きになれる人はいないかも」と自分の恋心に執着してしまいます。

しかし、「おクズ様」とのおつき合いは必ず、悲恋《ひれん》に終わってしまうのです！

☑ やっと射止めた「おクズ様」に執着してしまう女性へ
メリ子先生のメス力講座

＊1 ストーカー紛いの行為は禁止

彼の行動に嘘がないか？　ストーカー紛《まが》いの行為をする女性がいます。彼氏のスマホを勝手に見る女性にも言えることなのですが、これらの行動は癖になります。そして自然と相手を監視するマインド、すなわち彼を追いかける姿勢となってしまい、男性に疎《うと》まれる結果になってしまうのです。

＊2　「会いたい」はサクっと明るく！

会いたいと自分から言うのに緊張してしまう関係は不健全です。そして男性は直感的に「俺の都合をうかがってきているな」と貴女が追いかけてきているのを察知してしまいます。なので、会いたいときは友だちノリ、断られても凹《へこ》まないノリで明るく「今日会おうよ♪」と切り出し、重さを感じさせないでください。また、会いたい、寂しいを連呼する女性はそれだけで、重力10倍の重い女と思われてしまうので、要注意！

＊3　尽くしてつき合うととりあえずの彼女になる！

男性は尽くしてくれる女性のことを「便利だな」「都合よく扱えそうだな」「優しいしデメリットなさそうだから、とりあえずつき合ってみるか」など、損得勘定でつき

郵便はがき

料金受取人払郵便

芝局
承認
4704

差出有効期間
2025年2月14日
まで

106-8790

036

東京都港区六本木2-4-5
SBクリエイティブ(株)
「メス力座談会」係 行

フリガナ		性別 男 ・ 女
氏	名	お住まい 都道府県
メールアドレス @		

年齢 □ 12歳以下 □ 30代 □ 60代
□ 13歳〜19歳 □ 40代 □ 70歳以上
□ 20代 □ 50代

職業 □ 自営業 □ パート・アルバイト □ 学生
□ 会社員・公務員 □ 主婦 □ 他

■ 個人情報について
いただきました個人情報は、当座談会の開催、賞品の発送(当選者の方にのみ、のちほどご住所等についてお伺いいたします)、ご連絡、ご意見・お問い合わせへの返答にのみ使用し、その他の目的では使用いたしません。お寄せいただいたご質問は、個人情報を伏せた形で、誌面や弊社広報資料などに掲載させていただく場合がございます。個人情報の取り扱いについては、弊社HPのプライバシーポリシーをご覧ください。詳細はWeb上の利用規約にてご確認ください。
◆ https://www.softbankcr.co.jp/ja/privacy/

『メリ子先生、わたしどうしたら大好きな彼と幸せになれますか?』発売記念

神崎メリに直接質問できる!

メス力座談会 開催!!

《Wチャンス》で「ご相談回答&サイン」も当たる!

神崎メリさんに直接会って質問できる座談会に参加してみませんか? 座談会では、「メス力」や「おクズ様」「ど本命」について楽しみながら語り合ってもらいます。「メス力」について聞きたいことがあるという人は、ぜひご応募ください。

日　時 2023年6月10日(土)20:00スタート

募集人数 10名予定

参加費 無料(※会場までの交通費は各自負担でお願いします)

会　場 都内某所(当選者にメールでお知らせします)

応募方法 このハガキに必要事項をご記入の上、ご投函ください。

※応募多数の場合は抽選で当選者を決定させていただきます。

※当選者は当選のメールをもってお知らせいたします。

※座談会の様子をインスタライブで生中継させていただきます。また動画をYouTubeにアップするほか、当日はメディア取材が入る可能性もあります。顔出しNGの方はご遠慮ください。

※応募締め切り:2023年3月31日(金)まで。

※当選のお知らせ:2023年5月10日(水)ごろまでにメールでお知らせします。

《Wチャンス!》30名様に質問への回答と直筆サインをプレゼント♪

※応募締め切り:2023年3月31日(金)まで。

※当選者の発表は賞品の発送をもって代えさせていただきます。

[応募したい項目すべてに✓を入れてください]

□ メス力座談会　　□ ご相談回答&サイン

神崎メリさんに質問してみたいことをこちらにお書きください。

合います。これがとりあえずの彼女です。

向き合うつもりもありませんし、自分の都合いいとき（またはムラついたとき）にしか会ってもらえなかったりします。損得感情で女性を見ている男性は、シビアなのです。これを避けるため、尽くしたり、追いかけたりしておつき合いするのではなく、恋に落とす（損得勘定ではなく、この子が大好き！　と思わせる）ことが重要となってきます。

＊4　男泣きに騙されるな！

遊び人系の「おクズ様」は涙を武器にします。「かわいそう」「この人のこんな情けない姿、わたしにしか見せてくれないよね」と思った瞬間、相手はしめしめと思うだけなのです。涙ではなく、相手がしでかした行為を見てください。

☑ 自分から惚れた男とうまくいくためには？

「メス力」的に浮気男、遊びやギャンブルによる借金男、暴力男などは一発退場です。が、惚れた男性とうまくいくための「メス力」はあります。

それは、相手に嫌われたくないという感情を乗り越えて、サクッと明るく自己主張をすることです。好きな人に言いたいことが言えないと、結果、男性からすると、「なんか自分がない女だな、面白味がない……」なんて思われてしまい、「ど本命」としてハマられないという結果になってしまうのです。

好きな男性へのがまんは努力ではありません。貴女は逃げているのです。好きな男性への努力とは、嫌われるかもという恐怖心を乗り越えることなのです。

大好きな人とうまくいきたいのであれば、溜めて爆発させずに、かわいく明るくサクッと「わたし〜したいな♡」などと伝えていってください。

CHAPTER 03

どうしても彼氏ができません。どうしたらいいですか？

CASE／06

「あざとい女を選ぶ男なんてこっちからお断りします！」

正義感が強すぎて選ばれない女

「は〜……」

「なに、カズオ君。朝からため息ばっかりじゃないの」

「いや〜。昨日アプリで知り合った子とデートしたんですけど、2時間みっちり相手の話を聞かされてマジで疲れました」

「え〜？　ちょっと詳しく聞きたいけど、もうそろそろ次の相談者さまが……」

ピンポーン。

「失礼します。わたし、町田瀬奈《せな》と申します。こちらメス力相談所でお間違いありませんでしょうか？」

「はい、町田さま、お待ちしておりました」

いよいよ婚活にも行き詰まってきた。

わたしともあろうものが、こんな怪しげなところに相談しに来るだなんて……。

いい感じだと思ってた人から「ゴメン、瀬奈さんはいい人だとは思うのだけど、彼女って考えると違うかな……」と辛辣《しんらつ》なご感想（レビュー）をいただいて、心が折れた。

わたしは真剣に婚活をがんばっている。それなのに一向《いっこう》に報われないなんて……。

「町田さん、はじめまして神崎です。今日のご相談についてお聞きしてよろしいかしら？」

話し方、独特だな。

ビジネスっぽくない……。まぁ、恋愛界隈なんてこんなモノか。

「婚活についてなのですが……」

「男性に経済的に寄りかかっていくのがイヤなので、ハッキリ言って仕事はそれなりにがんばってきました。気がつけば33歳……このまま本当にひとりでいいのか？　子どもをもつという選択肢は切り捨てていいのか？　自問自答を重ね、自分のなかに結婚願望も、1人は子どもをもってみたいという願望もあるのだと気がついたのです。

恋愛からは数年遠ざかっていたので、友人のすすめでマッチングアプリをはじめたのですが、ただただ疲弊するだけの日々で。

お互いに見ず知らずの人間じゃないですか、なのである程度自己開示していかないと信頼関係は築けないと思うのですが、どうやら男性側は違うようで……」

「自己開示……。町田さん、どんなふうに自己開示してきたの？　具体的にお聞きしていいかしら？」


「まずは経歴を、それから自分という人となりを。

じつはわたし、過去に婚約破棄を経験済みでして……。そのへんの経緯を知り合った男性に詳しく説明するのは、結婚前提の関係として当然ですよね。

学生時代からつき合っていた〝元婚約者〟真面目な人間だと思っていたのですが、仮面を被《かぶ》られていたようで……。あまり口にしたくないのですが、風俗に通っていた過去が発覚したのです。

それはヒョンなことから知ることになりました。わたしの同僚男性が、奥様の妊娠中に風俗へ行き、それがバレて修羅場《しゅらば》になったと噂で耳にしました。

『女性をお金で買うような男性は信用ならない。女性軽視も甚《はなは》だしい！』と元婚約者に訴えたところ、『男ならそういうところに行くこともあるかもよ』と軽くあしらわれたのです。『まさか、貴方行ったことがあるの……』と問い詰めたところ、わたしとつき合う前に行ったことがあると認めました。

天地がひっくり返るとはまさにこのことで、

元婚約者への嫌悪感は消えることなく、険悪になり婚約解消の流れとなりました」

「ですので、婚約破棄の過去があることをお伝えし、風俗などに通っていた過去などはないのか？　まずは相手に確認しています」（＊1）

「お話ししてくださってありがとう、ほかにもどんなことを男性と話しているのかしら？」

「男と女みたいな雰囲気は苦手です。

そもそも異性として以前、人間としてリスペクトできない男性とはおつき合いしたくないとの考えで。とくに、仕事面そして社会情勢などに興味がない、頭空っぽな男性は、一緒に過ごしていて切磋琢磨《せっさたくま》し合えないので不要でしょうし。

無論、そのような男性は子どもをもつと考えたときに父親としても×。

やはりある程度の教養や、大きい声では言えないのですが、地頭のよさなど遺伝子レベルでよくない男性はふるいにかけておきたいのが本音でして……。

なので、**そのへんの教養レベルが露呈するような会話を仕掛けることが多い（＊2）**ですね。仕事についての考え方もですし、対等にディベートできない男性はつまらないのですよ。ただ、男性側はやはり〝男と女〟みたいな雰囲気を求めてくるので……。正直疲れます。恋愛感情って結婚相手を探すうえで重要なのでしょうか？　**結婚と恋愛は違うと言われていますが、神崎さんのお考えをお聞かせいただけたらと……」**

まわりの男性を観察してみても、尊敬できる人は皆無《かいむ》。仕事ができる女性よりも、甘ったれているあざとい女に目尻をさげて。**どんなに仕事ができる人でも、女の色気にやられる男など、バカに見えてしまう……。**

理性的ではなく、本能的というか……。

正直、ここに相談に来ることも迷った。「メス力」なるものを検索してみたら、男を褒めろとか、ときにはあざとさも大切とか、賛同できない内容もチラホラ……。不快になりそうなところは飛ばして、自分の役に立てる部分を効率よく吸収したい。思えばそうして生きてきた。仕事も勉強も、効率よく、無駄を省き、そうしていまの地位を築いてきた。

でも婚活だけが、婚活だけがうまくいかない！

去年は毎月、15件以上のアポイントをこなしてきた。ほぼ2回目のデートはなく、5回も会った男性ともつき合うことすら叶わないだなんて……。

なにかがおかしい、なにかがズレている。一体なにが……？

見た目もごく普通、結婚している友人らと自分を比べても。

割り切って婚活ウケするというワンピースだって着て努力をしている……。共働き希望、男性だけに寄りかかる女ではない。話していても、そのへんの女と違って手応えがあるでしょうに。

やはり婚約破棄の過去か……？　いやだからこそあと出しせず、過去は伝えている。

誠実に。

「そうね、確かに結婚と恋愛は違うモノだと思うわ、**結婚に一番大切なのは誠実さ**」

ほら見たことか！　やはり、人間誠実が一番なのだ。

「ただ、その誠実さっていうのは、お互いに好意がある前提で乗っかってくるモノなのよね」

「好意がある前提……？」

「町田さんが行っている自己開示、嘘のない姿勢がとても真面目な印象だと思うのよ。**ただそれを男性側が魅力としてとらえるには、ちょっと段階的に早すぎると思うの**」

「……どういうことでしょうか？」

「男性は本気になった女性、『ど本命』の過去や自己開示を、女性が思っている以上

に寛大な心で受け止めるモノなの。でもそこまで好意がない女性からされると、『重い』と感じてしまう傾向があるのも事実なのよ」

「ええ……。相手に誠実に向き合う姿勢が裏目に出てしまっていたということですか……」

ガックリとした。結局のところ、恋愛感情が必須なのか……。「彼女と考えると違う」というあのレビューが真実だと。去年1年間を無駄に過ごしていた……？

これから一体どんなマインドで婚活に向き合っていけばいいのか……。

「ちょっと厳しいお話になるのだけれども、よろしいかしら？」

「はい」

半分どうにでもなれという気もちの反面、プロから見て自分がどう分析されるのか好奇心も湧いてきた。

「町田さんのお話をうかがっていると、**なにかこう自己開示するという手段を使って、男性に踏み絵を踏ませているような印象を受けるの、試し行為的というか……。**そして男性とか、女性性を拒絶しているような。元婚約者さんのことも含めて、恋愛でひどく傷ついた経験はないかしら？」

ドキッとした。試し行為……。男性、女性性を拒絶……。

おそらくそれらの感情は、恋愛では生まれていない。

あの人、父だ。

「うちの父が……　時代錯誤の男尊女卑《だんそんじょひ》で……」

あからさまに父はわたしと兄を差別して育てた。「女に学は必要ない」そう言い切って、わたしのことなどあまり興味がないようだった。

そんな父と兄に顎で使われる母。女に学は必要ないどころか、女にこそ学は必要だと強く感じて育った。父に偉そうな口を利かれても反論すらしない母にイライラした。

女は男の付属品ではない。男のいいようにはさせない。

その気もちは一種の復讐心みたいなものになっていった。

「男尊女卑の父にいいように扱われる母を見て育ちました。女だから男の言うことをなんでも受け入れなきゃいけない！　そういう考えに拒絶感があります……。そもそも、わたしたち女性のことを受け入れる気がないじゃないですか」

「お父さまからありのままの自分を受け入れてもらえず育ってきた……だから自分を受け入れてくれるのか？　男性を試してしまうのね。町田さんに限ったことではないわ。恋愛するときに親を重ねて、相手を見てしまうことはよくあるのよ」

「ショックです……親から自立したくて……ここまでがんばってきたのに、わたし、親に支配されたままだったんですね……」

「町田さん、わたしも昔はそうだったの。だから大丈夫よ」

「……」

「それから女性性についてだけど、確かに『受け入れることが女性性』と言われているわ。でもね、なんでもかんでも受け入れることではないの。誠実な相手のいい部分も悪い部分も受け入れる。それでいいのよ。ムリでしょう？　大切にしてくれない不誠実な男性を受け入れるなんて」

「ムリですね……」

「それと町田さんが結婚を望んでいる、そこになにか鍵が潜んでいると思うのよ。家庭をもつことに絶望はしていないということに」

「確かにそうですね……。父と兄の暴君ぶりを見てきたのに……。あ、でも母は控えめな人でイライラすることもありましたが……」

父と兄に「はい、はい」と反論しないで言うことを聞く母。主体性がない人だと反面教師にしていた。でも……。

「わたしが大学に行きたいって言ったときに、父に頭をさげてくれたのは母だったんです」

それはそれはもめた。女は適当に親の近くで働いて、結婚して子どもを産めばいいという考えの父。将来の介護要員としてしかわたしのことを見ていなかったのだろう。そもそも兄よりも成績優秀なことも知りもしなかったのだろう……。

「この土地から出ていくことはゆるさん」

でも母は譲らなかった。「わたしが働きに出てでもこの子を大学に行かせる」と。「ずっと主婦だったお前になにができる」と父は相手にしなかった。でもわたしは、そもそも金銭的に父をあてにするつもりはなかった。「奨学金で行くから」と宣言し、父は「勝手にしろ」とひと言だけ言った。

わたしが国家資格に合格したとき、電話口で母は泣いていた。「おめでとう、おめでとう」「この土地にも戻ってこないでいい、瀬奈は好きに生きなさい」と。

あ〜あと、「お父さんも喜んでるよ、お父さん素直な人じゃないから瀬奈には言わんけど、うれしいときに飲むお酒飲んでるわよ（笑）」「かわいいところもあるでしょう？」なんて言ってたっけ……。

あなたが見向きもしなかった娘はさぞや優秀でしょ？　**でもこれ全部わたしの努力だからね！　勝手に喜ばないで！　ってそれすらもイライラしていたな……。**

◇

「男尊女卑で気難しいし、やっぱりあまり好きな父ではないです。母も主体性がない人で、あまり尊敬はできないと思ってましたけど……」

母はわたしを見ていてくれた。「これからは女の人もお金を稼がないと」ってずっと昔に母がわたしに言ったその言葉の重み。静かにわたしを守ってくれた人がいたからこそ、決定的に家族というものを嫌悪しないわたしがいたのだろう。

「なんていうか反面教師にしすぎてたかもしれません」（＊3）

「父とわたしはソリが合いませんでしたが、いま振り返ってみると両親の夫婦仲はとくに悪くはなかったんだと思います。ただそれが、当時のわたしには母の一方的ながまんのうえに成り立ってるように見えていたんです。は〜……。でもこれからわたし、どう婚活していけばいいですか……？」

「そうね、まずはその面談みたいな婚活の仕方を変えなくてはいけないわね。そういった形だと男性は身がまえてしまって、恋愛感情は芽生えないわ」

「一体なにを話したら……」

「笑顔ね」

「笑顔⁈」

「なにかをうまく話そうとか、うまく会話をしようと思うと、町田さんはそっちに意識を取られてしまって、男性の心をつかむという目的から逸《そ》れていってしまうと思うのよ」

「……確かにおっしゃる通りです……」

「笑顔であいさつをして、相手の話に耳を傾ける。婚活に限らず、しばらくこれを意識して生活してみましょう」

「婚活以外でも必要ですか？」

「ええ、いきなり婚活で笑顔を意識して、自己開示よりも相手の話に耳を傾けるって難しいモノよ〜。**それにね、ちゃんと相手の話に耳を傾けていると、その人の本質が見えてくるわ。するとわざわざ大袈裟《おおげさ》に自己開示をして試し行為をしなくても、『この人いい人かも』ってちゃんと判断できるようになってくるの」**

「いい人……できれば仕事面で尊敬できるような人がいいのですが……」（＊4）

「町田さん、尊敬って仕事ができるできないに限らず、人間性が一番大切よ？　仕事バリバリやってる『おクズ様』なんて、この地球上に何十億人といるのだからw」

「そうですね、そういう上司確かにいます……」

結婚してもなお、女をとっかえひっかえしてるあの上司、部下の手柄を奪うあの上司……。尊敬どころか軽蔑《けいべつ》しかない。

「『ど本命』なら、間違いないわ。惚れた女性の悲しむことは絶対にしない。この懐の広さに触れたら、本当の意味で『尊敬』という言葉の意味がわかるはずよ」

✚
✚
✚

「いや〜。メリ子先生、今日のご相談者さま！　フラッシュバックしました！」

「え？　なにが？　昨日の話？」

「2時間、みっちりと『アタシのことを知って』って話されたんですよ……。浮気された過去があるからどうのこうのって、途中から浮気についていろいろと尋問《じんもん》されて！　**ぶっちゃけ『重い』とか通り越して、本当に怖かったです！**」

「マシンガントークで、ありのままのわたしを受け入れてほしい系の女性よね」

「メリ子先生が話してた通り、**本気になった女の子の過去なら男はけっこう受け入れ**

ますよ。でも、はじめっから不幸な人生語りみたいなのされると、恋愛感情が湧くどころか逃げ出したくなります……」


「そうよね。それに不思議よね、男性には依存したくないってタイプの人でも、男性が自分を受け入れてくれるのか？　試し行為をしちゃう。しかも無意識のうちにね」

「男嫌いっぽいのに、結局は依存しているのか……」

「嫌いの逆は好きってやつよ。本当に男性に興味なければ婚活に興味向かないもの」

◇

笑顔、笑顔、笑顔であいさつ。

「まずは笑顔で男性とお話しすることでリハビリしていきましょう」

とのことで、真面目なわたしは直《ただ》ちに実行することにした。人間は20日以上継続したことは、確か習慣化できるはず。

無愛想で有名だったわたしの変化を、一部の人間は「なにか裏があるのでは？」と警戒しているようで、笑えた。いままでどれほど仏頂面《ぶっちょうづら》をしてきたのかと。

成婚を目指して、見よう見真似で化粧もがんばってみたけど、仏頂面では、化粧したところで意味がなかったということだろう。


「おはよう（ニッコリ）」

「町田さん、おはようございます……」


ふ。後輩もとまどってるとまどってる。

「最近なんか雰囲気変わりましたよね……」

「えーと。いい意味ということで間違いないわよね？」

おっといけない、ここでも笑顔。仏頂面でこんなこと言ったら、怖い先輩待ったなし！

「もちろんです。あの……いつも仕事のあとってなにをしていますか……？　すみません。プライベートなこと踏み込んだ質問して！　あの流してください！」

「え？　仕事のあと？　まぁ、帰宅してるけどなんで？」

笑顔！　笑顔！　リハビリリハビリ！

「今度、ご飯とか誘ったら迷惑ですか……」

え？　え〜〜〜〜〜〜〜〜〜〜〜〜〜〜〜〜？

「こんな話して、コンプラ的にNGですよね……」

「あ、あ〜〜〜〜（焦）。予定、確認しておく！」

「はい！」

どういうこと⁇

「メリ子先生、町田さんから予約メール来てますよ！」

「相談内容添付されてるなら読み上げてくれる？」

「お〜！」

「なによ」

「後輩に告白されて、どう進めたらいいかわからないって書いてありますね」

「え～？　急展開じゃないの？ｗ」

町田さんのことは仕事の先輩として、尊敬してました。
知識も豊富ですし、お話ししてて勉強になりますし。
それ以上に、最近僕のなかで女性として好意が芽生えてきて……。
え？　過去に婚約破棄？　なにか問題あるんですか……？（＊5）
何度も何度も告白の言葉を思い返して、ほおの筋肉がニヤけるのをがまんしている。
真面目なわたしを受け入れてほしい。
過去も受け入れてほしい。
そう必死にもがいてたけど、**笑顔で相手をただ受け入れるだけで、それが手に入っ**

てしまうだなんて。これまでいかに無駄な虚勢を張ってきたのか。

母は究極の受け入れる女性性の塊みたいな人だったのだろう。ただ過剰すぎて、父や兄の理不尽にも答えすぎていた。そして彼らを調子に乗らせすぎた。

しかしあんな父だけど、母は夫として父のことが好きなのだろう。

思春期のわたしには、それがどこか薄気味悪かった。

でも母が幸せならそれでもういい。わたしはわたしの幸せを見つける。

それに、お母さん。

やっぱりわたしは父みたいなワガママな男は好みじゃないし、優しい人がいいと気がついた。

婚約破棄のときも号泣させてしまったね。よし！　今度こそうまくいくことを祈る！

「お疲れさま、ううん、いま着いた。じゃ行きましょうか！（ニッコリ）」

☑男性と女性性を敵視していては恋愛はうまくいかない！

「男性に負けたくない」「あざといことをしてまで気にいられたくない！」その自意識をこじらせてしまうと、ただ単に感じが悪い女性になってしまうもの。すると男性から避けられるようになってしまい（怖いのです）、ますます男性や女性性の高いタイプの女性に苦手意識をもってしまいます。

この手の女性は真面目なタイプの方が多く、隠しごとはよくないと考えているので、タイミングを読まずに自分の過去を一方的に伝えてしまったり、「浮気はするタイプですか？」などと尋問してしまうことも……！

じつは人一倍、（好きな）男性に受け入れられたいと願っているタイプでもあります。そこを自覚して、「メス力」を実践することが大切です。

真面目に向き合いすぎて恋愛に発展しない女性へ
メリ子先生のメス力講座

＊1　過去はタイミングを読んで伝えよ！

誰しも過去の恋愛のトラウマを多かれ少なかれ抱えているもの。つき合う前にいろいろと伝えたい（質問したい）ところですが、「つき合う前に全部言うし、聞くね！隠しごとなしで！」的なテンションで伝えてしまうと、男性は「うわぁ……なんかつき合ってからもいちいちなにかと追及されそう……」と怖くなってしまうのです。すると恋愛関係に発展しません。

＊2　人間性をまずは見よ！

男性の知識量を測ってやろう！　などと思わないでください。恋愛でまず見るべきは相手の人間性です。人間性（思いやりなど）のともなっていない男性と一緒に過ごしているとストレスを感じてしまいます。人間性のともなっていない相手の豊富な知識は、貴女を小馬鹿にしたり、論破することに使われるかもしれませんよ。まずは人間性を見極めましょう！

＊3　親を反面教師にしすぎない

親を反面教師にすることは大切ですが、「親のようになりたくない」という思いが強すぎると、幸せをつかむことよりも「わたしは貴方たちとは違う人生を選べた」と親に証明することが人生の目的になってしまいます。親、家族の欠点は冷静に分析し、参考にしつつも自分の人生を歩んでいきましょう。

＊4　尊敬を履き違えない

真面目で仕事を大切にして生きている女性からのご相談で多いのが「わたしよりも仕事ができる尊敬できる男性がいない」というもの。

尊敬という感情は、相手の人間性に湧くものです。貴女や貴女の大切な人が困っているときに、サポートしてくれたり、思いやってくれたり、少しでも貴女の負担を軽くしようと動いてくれたり……。そういった姿を見たときに、本当の意味で相手への尊敬の念と感謝の思いが湧いてくるものなのです。

＊5【キラーメス力】過去は告白時にサクッと！

告白されるシチュエーション、男性の恋心がマックスに高まっている瞬間です。そのときに「じつはこういう過去があるのだけど」「じつはこういう過去があって恋愛が怖い」と貴女も告白してください。そして重要なポイントなのですが、「元彼が〜こんなことをしてきて〜」とくどくど話す必要はありません。

事実をサクッと伝えてください。おつき合いしてから告白するのは相手に対して不誠実なので、告白されたときにちゃんと勇気を出して伝えましょう（婚約破棄、離婚、シングルマザーなど重要なこと）。

もちろんデートを数回重ねた段階で、サクッと伝えるのもＯＫです。貴女に本気の男性は、過去や現在の状況なんて気にしません。そして、そこまで受け入れてくれる男性とめぐり会えたのであれば、貴女も彼のことを受け入れてあげましょう。相思相愛にこそ女性性（受け入れる力）を発揮してくださいね。

☑ 笑顔はあざとさではなく思いやり

あざとさが苦手な方は、巷《ちまた》にあふれる「あざとテク」は放っておいて（上級者向けです）、笑顔と相手の話に耳を傾ける、これだけを意識してください。**会話をしている相手に向ける笑顔とは、あざとさではなく思いやりです**。男性はこういった思いやりを向けてくれる女性に好意をもちます。そうして相手の恋心に火を灯《とも》さないことには、なにも生まれないのですよ。

恋愛感情が薄い状態で関係を進めようとしても、男性は貴女のことを受け入れる気もちが芽生えていませんから、うまくいかなくて当然なのです。

そして話に耳を傾けることで、相手の本質も見えてきます。いいことを言っていたところで、不誠実な男性には違和感を覚えますから。笑顔と聞き上手、ある意味で受け身に見える姿勢ですが、女性なりの闘い方、身の守り方なのです。

CASE 07

「マニュアル通りにやってるのに男が離れていくんです！」恋愛メソッドつけ焼き刃女

「『メリ子先生！　助けてください！　『メス力』やってるのに恋愛がうまくいきませ
ん！』か……」

「おはようございます〜。あ、メリ子先生、珍しくピンクの服！　もしかして今日は
デートですか〜？」

「はぁ？　なに言ってるのよ」

「だって今日はヴァレンタインですよ？　ヴァレンタイン♡」

「無駄に発音よくするのやめてくれる〜？　デートじゃないわよ！　今日も仕事仕事！

バレンタインに駆け込んでくる女の子たちの気もちなんて、カズオ君わからないでしょ

～？　今日は所長としてちゃんと気合いが必要な日なの！　わかった？」

「ヴァレンタイン♪」

（この子こそ、デートなんじゃないのォ……？）

✚
✚
✚

「こんにちは～」

「ご予約のお名前頂戴《ちょうだい》できますか？」

「中城りいさです」

わ～受付の男の子、そこそこイケメンじゃない？　身長高いし好みかも～♡

「お茶とコーヒーどちらがよろしいでしょうか？」

「コーヒーください♡　ミルク多めでお砂糖も♡」

「承知いたしました。奥の席で先生がお待ちなのでお進みください」

やばw　帰りにLINE聞きたいw
あ、でも女の子から連絡先聞くのは「メス力」的にダメだっけ？

「こんにちは、中城さん。今日のご相談の内容を聞かせていただけるかしら？」
「彼氏ができないいんですよ（単刀直入）」

SNSでのフォロワーもそこそこ多いわたし♡
たっくさん男から「いいね」もらえるけど、そのなかにイケメンはナシ。なんかキモイ男ばっかり！　だけど別にSNSで男探さなくっても、25歳くらいまで狙った男は落としてきたんです。でも、どいつもこいつも「結婚しよう」とは言ってくれなくて！ていうか、そもそも結婚するには元彼たちスペック低すぎ?!　って気がついてアプリで婚活はじめたんですよね。
「いいね」めっちゃ来ます♡　だって美容も体型維持も趣味だから♡

男ウケ大勝利ワンピ着て、ニコッてするだけで男って落ちるじゃないですかー？　でもわたしもモテてこなかったわけじゃないから、ヤリモクの男はけっこう見抜けちゃうんですよ。アプリってマジでヤリモク地獄で……（おえ～）

それでも真面目な感じの人といい感じになるんですけど（やっぱわたしモテちゃうほうなんでw）、「君って中身がないよね」とか、「なに考えてるかわからない」とか、「駆け引きとかやめて」「メンヘラ？」「俺、お金ないよ」って男が引いちゃうんですよね……。

「メリ子先生～。そんな感じで、わたしけっこう真剣に『メス力』やってるんですよ～！　なのに真剣交際に進めないんです～（涙）」

「なるほどね、中城さんが実践している『メス力』について詳しく聞いていいかしら？」

「フツーに『笑顔』とか『即レスしない』とか『追わせる』とかやってますよ～」

そう。まず女は笑顔！　これ「メス力」の大原則じゃないですか？

ていうか、愛嬌には自信があるから、もともとこれはクリアしちゃってる感じで！　でもわたし、自分で言うのもアレなんですけど、いいヤツなんですよｗ　だからどちらかって言うと、「即レスしない」とか、「追わせる」が苦手！

「ご馳走さまでした♡　会えてうれしかったです♡　また会いたいです♡」とかいろいろ長文で送っちゃって、なんなら次のデートの段取りもしちゃう感じ。

肉食なんです、もともとｗ　狙った男は落としたい感じｗ

でも、確かにそれだと最初は男の食いつきはいいけど、途中から追われなくなってやっぱりまずいよねって、追われる女を意識してみたらぜ～んぜん追ってこないんです　ｗ　むしろ謎の地雷女扱い……。

結婚に結びつかない感じで生きてきて（は～）。

「なんか『メス力』効かない男ばっかりまわってきてるのか、追われないんですよ～。それどころか～。今週会う約束してた人から今日の約束ドタキャンされたんですよ……『僕のレベルに合わせてもらってりいささんにムリさせて申し訳ない』って、謎じゃないですか～？」

「そうね～……追われる女を意識することはいいことだけど……。追われるためにどんな対応しているのか気になるわ～」
「とりあえず、LINEでは媚びません！（ドヤ）」
「……りいささん、もしよろしければ、男性とのやり取りで見られていい部分があれば、見せていただけるかしら（怪しいわね）」
「え、ぜ～んぜんいいですよ！」

「りいささん、今日もありがとうございました。次ぜひ鎌倉へふたりで出かけましょう！」

1日後

「了解です。電車とかは無理なんで車出しお願いします♪」（＊1）

「これはなにかしら？……（嫌な予感するわ）」

「え？　即レス禁止、媚びる女禁止からの甘えん坊です♡　かなり『メス力』網羅していません?!」

「ちょっとほかも見せていただける？」

「昨日はご馳走さまでした。楽しかったです」

「いえいえこちらこそありがとう、りいささんなにか怒ってますか……?!」

半日後

「なにも怒ってませんよ。忙しいだけです☆」

「なるほどね〜〜〜〜〜」

「え？　なんですかなんですか?!」

「中城さん、貴女、追われる女と高飛車《たかびしゃ》な女を履き違えてしまっているのね」

「え〜？　これ、高飛車ですか?!」

「おつき合いする前の段階で、いきなり『電車はダメ、車を出して』なんてお願い、ハードルが高すぎるのよ」

「だって……鎌倉歩き回ったあと、足痛くなっちゃうし！　車もってるって話だったんですよ、だからいいかなって……相手も車自慢してましたし！　そこって便乗ポイントですよね？」

「相手が車出しましょうか？　って言い出すまでは、電車よ〜。しかも『メス力』的に信頼できる人って確信するまで、車に乗るのはオススメできないわ〜」

「え〜……元彼は車出してくれて、エスコートしてくれましたよ」（＊2）

「その人、プロポーズしてくれたのかしら？」

「されてないですね……」

「それから、LINEの文面！　長文ですすきオーラを出すのは、確かにオススメしていないけど、これじゃ感じが悪いだけよ〜？」

「え〜？　どんな感じで送ったらよかったですか？」

「昨日はご馳走さまでした😊　とても楽しかったです✨」

──


「ほら、ちょこっと絵文字をプラスするだけでいいでしょう？」

「さじ加減難しすぎます～！」

「おそらくね、**会っているときは笑顔で感じがいいのに、解散した瞬間、そっけないっていうか、突き放してる雰囲気になっちゃっているのよ。そのギャップが相手からすると地雷っぽいのよね。奇妙な駆け引きされてると感じる男性もいるかもしれないわ**」

「え～。わかんない～！」

「ちょっと助手にも見せて大丈夫かしら」

「はい大丈夫です（あ、あのイケメン君?!）」

「どうも、ちょっと僕にも見せてください、失礼します」

「はい♡」

「あ～。これは男性からすると会おうって言いにくいかもしれませんね……」

「え？　どういうところがですかー?!」

「男性に送った写真ですよ、夜景とワインと高そうなお食事と……」

「え～？　ダメですか？♡」

「『うわ、高そう！』って男はビックリして、気軽に遊ぼうって言いにくいですよ」

「え？　全然、居酒屋でもいいです！（ちょっとオシャレなら）**でも、お金をかける価値のない女って思われたら、追われないかなって思って……**（＊３）（でもお兄さんなら居酒屋ＯＫだけど♡）プラベは充実してるアピールしてました」

「そこよ！　中城さんわかったわ。仲よくなりそうになった瞬間に『お金かかりますよ♡』って圧を感じて、男性は逃げ出していくのよ」

「あ～確かに男性からすると『ここから先は有料』みたいな記事っぽいですね」

「カズオ君ありがとう（ニコッ、下がっていいわよ）」

（承知です～ｗ）

「ん～、ちょっと理解が追いつかないです！　追われるって、そもそもどんなイメージをもったらいいですか？」

「お金がかかりそうな高飛車な女の演出は、プロのモデルさんや女優さんクラスでしか通用しないと、まずは現実を受け止めてほしいの。そういう女性が好きになるハイスペックな男性って、いくらでも女性が寄ってきてしまうの。**だからそのなかで一番若くて、ネームバリューもあって、性格のいい人を最終的には選ぶものなの**」

「やだ〜。怖いですね〜」

「男性だってしたたかなのよ、中城さんだってお金をかけてくれそうな男性がいいって気もち、あるでしょう？　男性だっていろんな思惑がある。それだけのことよ」

「正直、まわりの友だちとかいい感じのスペックの男と結婚していっちゃってて、うらやましいって気もちがあるんですよね。でもわたし、ぶっちゃけモテてきたし、狙った男は落としてきましたし……。なのに最近、つき合うまでいかないことがよくわからないんですよ〜。その子たちとなにが違うのかなって……」

◇

タイムラインに流れてくる「ご報告」の投稿。

「グラフと迷いましたが、主人がこのお石にひと目惚れしてお迎えしました」

はぁ、あの子ハリーの婚約指輪もらったんだ……。

なんか一気に距離感。

主婦になったチームだけで、ホテルでアフタヌーンティーとかしてるのがグサってくる……。

わたしなんて12万の家賃払うので精いっぱいだよ！（涙）

12万っていっても恵比寿だから、1Kだしね?!

わたしだってインフルエンサーとしてそこそこ稼いでるとは思う……。

それなのに「今年はバーキンとミニエブリンが欲しいんだよね♡」って何気なく友だちにこぼしたら、「確定申告きちんとしてるの？」「将来のことちゃんと考えてお金貯めておきな」って説教されてさ……。


自分は旦那の金じゃ～ん？　旦那の金で贅沢してるわけじゃ～ん？

ていうか、そのDiorのベビーカーの金額調べてビックリしたんだけど?!

わたしだって〝そっち側〟に行きたいよ～！　なんでみんなそっち側に行けるの～？


「りいさはさ、もっと相手の気もち考えないと……　結婚と恋愛は違うからね？」

考えるために「メス力」はじめたつもりなのに……。
お金持ちどころか、大手の会社員ともつき合えない現実……。それでも妥協したつもりなんだけどな。だって年収1000万いかないわけでしょ……？（＊4）
けっこう見た目にも自信あるし、チヤホヤされてきたつもりなんだけどな〜。どこで道間違えたんだろ？

「メリ子先生、わたしなにを直せばいいですか〜？」

「そうね、いままで男性からモテたのは、若くてかわいかったからって現実を認めることよ」

「やばい、死にそうにショックです〜」

「ごめんなさいね、辛口で」

「もう若くないからダメってことですかぁ……。これから一生落ちていくだけじゃん……」

「中城さん、若いってだけで人間みんなかわいいの。だから若いってだけですべてをゆるされる一面があるの」

「……はい……」

「でも歳を重ねてからも、選ばれる女性、追われる女性っているわよね？　それはなぜだと思う？」

「飛び抜けて美人とか？」

「そうではないのよ、男性の心に寄り添うことができる女性にはずっと需要があるのよ」

「心……そんなことですか？」

「そんなこと、ではないのよ。絶対に若い子じゃなきゃダメ！　って男性も確かに存在するけれど、結婚相手にはもっと違うものを求める男性が多いのよ。**たとえば、一緒にいて癒やされる女性、自分の話を一番に聞いてほしいと感じる女性、堅実で家族を大切にする女性……。そういう女性はいくつになっても男性に求められるのよ。若さは必ず失われていくもの。だからわたしたちは内面を磨かないといけないのよね**」

「内面か〜。悪い人間じゃないんですけどね、わたし」

「ええ、それはすごく伝わるわよ」

「本当に……？」

「もちろん、だから中条さんには男性心理を学んでほしいの。**笑顔も即レス禁止も、男性心理を理解して実践しなきゃ、すべての行動がチグハグになってしまうのよ。**いま、中条さんに起きているのはそれね」

「笑顔はね、男性の心に刺さる……この人の笑顔をもっと見たいってエネルギーや勇気を与えるのよ。即レス禁止はね、即レスをしないことを目的としちゃいけないの。**男性は貴女の笑顔に癒やされて、帰宅して、会えない時間にどんどん恋心をふくらませる傾向があるわ。そのときにガンガン即レスしたり、ずーっとラリー状態でLINEすると、恋心をふくらましきれないのよね。**

笑顔でデートして、解散したらするりといなくなる素敵な女性……そういう女性を男性は追いかけたくなる。恋心をふくらませるって男性へのプレゼントなのよ」

「あ〜。わかっているようでわかってなかったっていうか、さっさとつき合って告白させるためにやってました」

「『メスカ』のすべてにちゃんと男性心理に基づいた意味があるのよね。それを理解しないで実践しても、相手の心に寄り添う自分になれていないということ。そういう利己的な女性を男性って、すぐに見抜いちゃうの」

「なんか男の人ってそういうところだけ敏感ですよねｗ」

「男性だって利用されてるかどうか、心配なのよ～。**わたしたち女性が体目的の男性を警戒するようにね**」

「なるほどです。わかりやすいですね、そう考えると」

「中条さんがどんな男性との結婚を目指しているのかは、好みの問題だから口出しはしないけれど、ちゃんと心が通じ合える、そういう関係を目指していってね。まわりに流されずに……」

あ～。イケメン君の連絡先聞き出せなかった～ｗ

ていうか、メリ子先生と話してて気がついたことがひとつあった。

男たちと解散したあと、急に対応が冷たくなっちゃう原因。自分では追われるための「メス力」を実践してるって思い込んでたけど、**そもそもその男たちが好きでもなんでもないから、どうでもよかったんだよねｗ**

あ〜つくり笑いダルかった〜！　って解放感あったかもｗ

まわりと張り合ってまぁまぁなスペックの男と結婚できたらいいやって思ってたけど、違ったわ。わたし、めっちゃ肉食だった！　ちゃんと恋愛したいタイプじゃん！

とりあえず、男性心理勉強しながら、本気になれる男見つける！

で「メス力」で絶対落とすｗ　そしたらわたし最強じゃない?!　燃えてきたかも〜♡

✚
✚
✚

「なんか最近よくありますよね、『メス力』を間違って解釈してる相談」

「まぁ、最初はそういうモノよ。わたしだって男性心理勉強しだしたころ、ち〜っとも理解できなかったものｗ」

「え？　メリ子先生も男性心理とか勉強したんですか?!」

「そりゃそうよ。男性と女性の感性がここまで違うって知らなかったもの。さっきの中条さんも**これから前向きな気もちでトライ&エラーしていけば大丈夫、何事もやる気と好奇心よ。**彼女は好奇心強そうだから、そのうち感覚で身につけていけると思うわ」

「いや～。てっきりメリ子先生は天才なのかと……」

「確かにね、恋愛界にも天才っているの。もう小さいうちから感覚的に男性とのやり取りがわかっちゃってる人ね。でもそういうのはごく一部……**愛って技術よ**」

「愛は技術か～！」

「エーリッヒ・フロムの言葉でね……」

「愛のテクニック磨きて～」

「だから、君みたいな人がテクニックに溺《おぼ》れてしくじるのよ！　まず人の話を聞きなさい！」

恋愛メソッドは本質を理解しないとうまくいかない！

巷にあふれている恋愛メソッド。なぜそれをする必要があるのか？　男性心理の本質を理解していないと、つけ焼き刃になってしまうもの。

笑顔でしっかり好意の種まきをして、解散したら適度に放置をし、恋心の芽を出す……。このときの即レス禁止を、男性を「沼らせるために」実践すると、結局は「まだ惚れ込まれてないかも？」と焦ってしまい、「ど本命ジャッジ」をしてしまうことに……。

即レス禁止の本質は、男性の恋心をふくらませる側面と、恋愛依存、ＬＩＮＥ依存してしまいがちな女性心理にブレーキをかける側面の両方があることを理解しなければいけないのです。

スマホを握りしめて「彼を沼らせるぞ！」とテクニックに依存しているうちは、あっさりと男性に駆け引きだと見破られてしまうのです。

☑ テクニックを使っているのに発展しない女性へ
メリ子先生のメス力講座

＊1 最初は低いハードルから！

男性側が貴女を熱心に口説いているパターンならいざ知らず、まだそこまで貴女への気もちがふくらんでいない段階で「車出してね」などと言ってしまうと、「とんでもないワガママな女が登場したな」とドン引きされてしまいます。

遠出したくないのであれば、「その日はその後～に行かなきゃいけないので、近場にしたいです♡」などと伝えるべきです。それくらいのお願いがふさわしいでしょう。

小さな「お願い」を重ねてくださいね。彼が小さなことを叶えてあげて、貴女が感謝するほど男性心理的に恋心の種となります。

＊2 結婚に至らなかった過去の男と比べない！

「元彼は～してくれたのに」と思っても、その彼は貴女にプロポーズしなかった男性だと忘れないでください。プロポーズを貴女が断った側だとしても、結局運命の人ではなかったということです。

元彼は～してくれたと過去にすがって懐かしむよりも、そんな素敵な人となぜ結婚に結びつかなかったのか？　自分の「ど本命クラッシャー」気質などを分析し、新しい恋の参考にしましょう。比較と参考はまったく違うモノですよ。

＊3　男性はなににお金をかけたいと思うの？

奢《おご》り奢られ論争もそうですが、男性は「お金をかけないと逃げられるな」と感じてご馳走してくれるのではなく、「この人との時間にはめちゃくちゃ価値がある」と感じるから気前よくご馳走してくれるのです。これはズバリ「恋心」でしかありません。

貴女にたいして恋していない男性は「なぜ男ばかりが負担しないといけないの？」とうんざりします。男性が追いかけたくなる女とはどういったものか理解していないと、謎に高飛車な女アピールをして、まともな男性には相手にされなくなってしまうのです……。

＊4　高年収以外はお断りになぜなった？

若くて美しいときに気前のいいお金持ちの男性とおつき合いしたり、一緒に遊んでいた女性はこう言います。「年収1000万じゃなわたしがしたい生活できないじゃん！」

嘘のような話ですが、このような女性は大勢います。こういう女性は金銭感覚がおかしいので、（じつは一枚上手な）お金持ちの妻には選ばれず、連れて歩くアクセサリー扱いで終わってしまいます。しかし、本人はいつまでもそのころを忘れられないのです。若いころチヤホヤされたことは思い出として胸にしまって、支え合って人生を歩いていける人を探しましょう。

☑ 恋愛メソッドはテクニックではなく、男の愛し方

条件のよさそうな男性とテクニックで打算婚をしても、なかなかうまくいきません。結婚生活は「お互いへの思いやり」がベースとなっていないと、何事ももめる原因となってしまうからです（どこのメーカーのハンドソープを使うかですら大ゲンカになるでしょう……）。お互いへの思いやりとは、すなわち愛であり、「ど本命婚」をすれば叶うもの。しかしテクニックに走っているうちは「駆け引きしてるな」と男性に

見破られ、なかなか良縁にめぐり会えません。

男性ってどんなイキモノなんだろう？　わたしたち女性となにが違うんだろう？　つねにまわりの男性を観察し、ドラマでも、歌詞でも、男性心理目線で考察してみてください。

貴女が男性心理をなんとなくでも理解しだすと、男性への思いやり方がわかってきます。そのとき恋愛メソッドが、テクニックではなく、男性の愛し方として身につくのです。すると、居心地のよさに釣られて良縁が引き寄せられます。

これが年齢を重ねても需要のある女性になれるということなのです。

CASE 08

「男ってチョロすぎて本気になれません」
男を手玉に取って承認欲求を満たしてきた女

わたしが男を落とすノウハウ教えてあげるね。

まず普段は気丈《きじょう》にふるまって、ふたりきりになったら涙をつー。


「泣いちゃってごめんなさい……」

「いいんだよ。俺でよければいつでも話聞くし！」

「でも……彼女さんに申し訳なくて……」

「いや、じつは最近別れようかって悩んでて、だからこっちのことは気にしないで」

ふふ、ほら出た。

「本当に……？　でも……わたし、佐藤さんしか相談できる人いなくて……」

上目使いで涙をぬぐって、ちょっとだけ彼の肩におでこをトン。これで完落――。
もう頭のなかはわたしのことでいっぱい。1週間以内に彼女と別れるな、この人も。

名残り惜しそうなバイバイ。
ほかの女だったらホテル誘っただろうに、わたしの信頼を裏切りたくないんでしょ？
顔に書いてあるよ、紳士にふるまわなきゃって。本当テンプレ通りって感じ。

あ〜チョロかった。ていうか、チョロすぎてつまんない。
巷ではわたしみたいな女のことを「相談女」っていうらしい。まぁね、正解。
「気丈なのに俺にだけ弱みを見せる女」で何人の男を落としてきたかな。
彼氏ができないとか、彼氏を盗られたとか、そういう人の話聞いてると恋愛力底辺すぎて笑っちゃう。男は頼りにされて、涙なんか流されたらイチコロだよ。「俺だけがこの子をわかってあげられる」って暗示をかけちゃえばいいだけ！

わかってないなー。男なんて単純でバカなだけなのに。


うわ、3か月前に落とした男からまたＬＩＮＥ来てる。


一度でいいから会って話がしたい？

彼女との婚約解消したから状況を説明させてほしい？


「彼女さんに悪いんで、もう連絡取りません」って返信しとこ……。

真に受けちゃった？　別に一度キスしただけなのにw　ヒマ潰しの完落させるゲームだからだよ。セックスするまでもないの、好みじゃないしw

あ〜、先週まで会ってた上岡って男も彼女と同棲解消するパターンだろうな〜。

最近連絡ないから、彼女ともめてると見たw

軽めの音信不通から、「彼女と別れました」ってあるあるパターン。別れ話中にやり取りバレたら厄介だもんね。守ってあげたい女（わたし）に火の粉飛んじゃうしねw
他県から遠距離恋愛してる彼女のために引っ越ししてきたって聞いたから、もっと手強《ごわ》いと思ってたのに……。
もっと夢中になれる手強い男いないのかな～。つまんな。寝よ……。

さ……ん　あ……
　ん……　さ………　あああ……ん

は～～～～～。悪夢。よくわからないいつもの悪夢。
でも起きると内容忘れる。うっざ！　もう朝か……。

あ、上岡からＬＩＮＥじゃん。

「ふみかさんとのやり取りを彼女に見つかり、話をしました」

うんうん。あるある、ちゃんと彼女に好きな人できたって話をしたパターンね？

「話をしているうちに、彼女を大切にすると誓ったことを僕自身が忘れていたと気がつきました。彼女は僕が大変だったときも、遠距離中も信じてくれていた大切な人です。

ふみかさんにもうお会いすることはないです。

ふみかさんも本当に愛する人と出会えるよう祈っています」

は〜〜〜〜〜〜〜？（怒）

なんなのコイツ？　一方的に！　このわたしがフラれるなんて！

あ、彼女が代筆した？　まぁいいわ、ブロックしとこ。

ホントイライラする！　むしゃくしゃする！　クッソ、男呼ぶか！

「ごめんね、佐藤さん。お休みの日に急にうちに来てもらって。ルンバ買ってみたんだけどうまく動かないんだよね……」

「いや、俺なんかが家に上げてもらってよかったのかな？」

「全然……。わたし、信用できる人しか家に上げないし……」

「あ〜。これなんかヒモが絡まってるね。説明書ある？」

は〜。あの男のせいでむしゃくしゃするから、久しぶりにセックスしよ〜。

落とした男を家に誘い込んでこうやって後ろから……。


「ふ、ふみかちゃん……」

「ハグしちゃダメ……ですか？」

「ダメじゃない……」

はい、完落──。ちょっと早いけどいただきまーす。

ウイーンウイーンウイーンウイーンウイーンウイーンウイーンウイーンウ
イーンウイーンウイーンウイーンウイーンウイーンウイーンウイーン

「ごめん誰かすごい電話かけてきてるw　あ、わ、マジか？　ごめん！　彼女がマンションの下にいるっぽい！」

「え?!」

「ごめん、ヤバい！　俺、下の駐車場に車停めてて……ごめん！　帰るね！」

✚
✚
✚

「相談内容ですか？　好きな人ができないんです……」


上岡って男。「本当に愛する人と出会えますように」だなんて、上から目線で見透かしたようなこと言いやがって。でも確かに、もう何年もまともに好きな人なんてできてなくて、これはこれで問題な気がしてきた。

一生独身でいいのかって考えたら、別に結婚に執着してるわけじゃないけど……。なによりも、どの男を落としても満足できなくて毎日がつまんない。

最後に自分から本気で人を好きになったのは、もう何年も前。

また恋がしたい、ただそれだけの気もちで、メス力相談所に来てみた。ヤレる予定だった男にも逃げられて、ヒマだし。

「ふみかさん、でよろしいかしら？　ふみかさん、好きな人ができないっていうことは、最近まったくデートをしたりしていないという感じ？」

「あ、そういうワケではないんです。デートとかは割とよくしています」

デートっていうか、男を落とすゲームっていうか、ヒマ潰しね。

「でも……。相手の人はみんな本気になってくれるのに、わたしのほうが全然本気になれなくて……」

「そう、最近だと異性との出会いが少なくてマッチングアプリを使う人も増えているけど、ふみかさんもアプリで知り合ったりしてるのかしら？」

「いいえ、知り合いですね」

「たとえばどんなお知り合い？」

「うーんと、同じ会社の上司とか、先輩とか、前職関係とか、学生時代のつながりの人とか、飲んでて知り合った人とか、あとは友だちの……」

「友だちの紹介？」

「いや……友だちの彼氏とかですね。そんなつもりじゃなかったんですけどｗ」

さすがのわたしもちょっぴり気まずくて愛想笑いするしかなかった。

「友だちの彼氏……なるほど……。ふみかさんもしかして、会社の人もそうなのだけど、人の彼氏を奪ったりするの快感なタイプかしら？　違ったらごめんなさいね」

「……はいｗ」

正解！　って感じでまた愛想笑いするしかない……。

「ここはメス力相談所……。相談所に来てくださる方が幸せになるためにサポートをさせていただいているの。だから気まずいとか、一般的に言いにくいとかあまり考えずに、ふみかさんの本当のことをお話ししてくれるとうれしいわ」

「……わたし、彼女もちの人しか興味がもてないんです。しかも落としたら飽きちゃうんです」

そう。わたしのために彼女を捨ててみてよって思っちゃう。

ただの「好き」じゃ満足できない。


「そう、お話を続けてくださる？」

「なんていうか、わたしのために彼女とか奥さんとか捨ててくれるっていうのが、ゲーム感覚になってます。**高校生くらいのころ、ううん中学生のころから友だちの好きな人を盗るのが癖でした**」

「最低」「大人しそうな顔して」って何回言われたかな。でもその言葉も「あんたに女として負けました」って降参と賞賛にしか聞こえない。

「盗ると満足できるのかしら？」

「満足ですか、最初のころは……。女として勝った！　とか振り向かせた！　ってうれしかったんですけど、最近、もうカンタンに落とせるようになりすぎて、なんにも感じないんです。だからなんか生きててつまらなくてw」

「ふみかさん」

「はい」

「ご両親との関係は、どう？」

「両親との関係ですか……？　父はわたしが小学校高学年のときに離婚してそれっきりで、母は……わたしのこと嫌いみたいでした。嫌いというか、わたしのことが邪魔だったんだろうなって思います」

「そう、ふみかさんが邪魔というのは、どういうことかしら？」


母の目には父しか映っていなかった。わたしの存在を無視しているみたいだった。


お母さん！　お母さん！　見て！　見てよ！

お母さん！　お母さん！　見てよ！　ねぇねぇ見てよ！

お母さん！　お母さん！　ふみのこと好き？

お母さん！　お母さん！　お母さん！　見てよ！

お母さん！　抱っこして！　お母さんがい〜い！

おかーさん！　み〜〜〜〜て〜〜〜！


「ふみか」

「お父さん！　お父さんおかえり！」

ひさびさに帰宅した父にまとわりつくわたしに、母は汚いものを見るような目で言った。


「この子、子どもっていうより女って感じで気もち悪いのよね」

「母は、父に不倫されてたからか、わたしに同性として張り合ってきて、かわいがってくれるとかそういうことはぜ〜んぜんなかったですね」

「そう……お母さんに振り向いてもらえなかった苦しさを、男性で昇華《しょうか》しようとしているのね」

「……」

◇

思春期を迎え、わたしは味をしめた。

男は弱みをチラつかせれば愛情を向けてくれる。かわいそうだねって抱きしめてくれる。でもそれは次第にエスカレートした。ただの恋愛じゃ満足できない。

大切なものを捨てて、わたしを愛してくれないと。

もっともっともっともっと、狂うくらいに愛してくれないと。

見て！　貴女の彼氏、わたしにこんなに夢中だよ、すごいでしょ。

見て！　貴女の彼氏、わたしにはここまでしてくれるよ、すごくない？　見て！　貴女の婚約者、とろけるような目でわたしの全身を舐めるように見てるよ、ウケる！　見て！　貴女の旦那、離婚するって～！　新婚なのにご愁傷様《しゅうしょうさま》～！

彼女を捨ててわたしにすがりつく男を見て、痺《しび》れるくらいの優越感を得た。無我夢中になってむさぼりついてくる男を見て、たまらなく興奮した。

でもそれも次第に飽きてきた。
むしろ男を落として抱かれるほど、男が嫌いになっていった。

10年つき合った女がいようと、婚約してようと、赤ちゃん産まれたばっかりだろうとそれをあっさり捨てて、「こんなに本気になったのははじめてだよ、愛してるよ」なんて目潤ませてさ、ピントのズレた腰使いして「気もちいい？」ってバカじゃね？「うん、こんなのはじめて」って、あれ演技だよ。ウケる！　見抜けなかった？

なにが「愛してる」だよ。軽薄なんだよ。女の涙に騙されてんなよ。

お前らに愛を語る資格なんてない。

薄情もののクズ男、お前らわたしを捨てたうちの親父と同じだよ。


「……すみません。ティッシュ借りれますか……」

「すみません。なんか急に涙が止まらなくなって。もう、大丈夫です」

「カズオ君」

「そう、ゆっくりで大丈夫よ」

「あの、わたしみたいな親から愛されなかった人間て、こういうふうになっちゃうものなんですか？」

「多かれ少なかれ恋愛に影響するものよ、形は人それぞれだけどね。ふみかさんのように略奪愛に走ってしまうパターンもあるというだけなのよ」

急に、自分のなかで封印してきた光景が次々と浮かんでくる。

母の実家は裕福で、シングル家庭でも金銭的に苦労はしていなかった。母も保険外交員として稼いでいた。傍《はた》から見て教育費も生活費も不自由していない。ただ「お父さまがいらっしゃらないご家庭」に見えたかもしれない。

でも、わたしと母の生活はあまりにも荒《すさ》んでいた。

「あんたさ、外でなにをしようとかまわないけど、わたしに恥かかせるのだけはやめてね」

リビングのソファーに深く腰をかけながら、タバコをふかし母は言った。

「オトコ、いるんでしょ？　なんでもいいけどさ、子どもなんて産むもんじゃないよ～？　男はねぇ、子どもを産んだ女の体には興味ないの。あんたの父親みたいにね」

ゲラゲラ笑っては咳《せ》き込む、酒臭い女。

この女の血が自分のなかにも流れているだなんて、穢《けが》らわしくて吐き気がする。

母親が酔い潰れたら、わたしは男を呼び出して抱かれにいった。

わたしに恋している男から抱かれると、一瞬でもその穢れが洗い流される気がした。

母が与えてくれなかった愛を、男に彼女を捨てさせることで埋めようとした。

そうして一瞬は安心するけど、今度はわたしたちを捨てた父の姿を男に重ね苦しくなる。


この世には母親のように愛してくれる男はいない。

だからといって父親代わりになってくれる男もいない。

ずっとずっと息ができなくて苦しい。

誰もわたしを愛してはくれない。


「メリ子先生、その通りかもしれません。男の人で親からもらえなかった愛情を埋めようとしたのかもしれません。でもこんなにこんがらがっちゃったわたしですよ？

もう、どこからなにをどうしたらいいのか」

思わず笑ってしまう。

「ふみかさん。自分から好きになった男性のこと、今度はお話ししてくださるかしら?」

「……もう、けっこう前ですね……」

◇

10歳年上の人。

いままで男たちにチヤホヤされ、意のままに操ってきたわたしが、彼にはなにひとつテクニック的なことができなかった。

理屈なんかじゃなくて、彼の横顔を見ているだけでドキドキした。彼はわたしをチヤホヤ扱うんじゃなく、「今日もかわいいな」って一生懸命セットしてきた髪をグシャってなでてきて、怒るわたしを見て涙流して笑うような無邪気な人。

でも、「苦労してきたな」って優しく同じ手でなでてくれるあたたかい人。

大好きで、大好きになってくれて、彼の胸のなかではじめて安心した。
そして失いたくなさすぎて、自分を見失ってしまった。

「わたし以外の女、誰とも口聞かんて約束して！」
わたしは泣き叫びながら彼にあらゆるものを投げつけた。

捨てないで！　捨てないで！　捨てないで！　捨てないで！
わたしから離れていかないで！　お願い！　わたしだけを見て！

そうやってめちゃくちゃになっていたら「俺ら一緒にいないほうがいい」って、彼は泣きながらわたしを抱きしめて、そのまま目の前から消えた。
というか、家庭に戻っていった。

半同棲してたじゃん⁈　ウソでしょ結婚してたの？
あんたパパだったんでしょ？　だから包容力あったわけ？

でさ、わたしが父に捨てられた話で流した涙はなに？
バカでしょ？　既婚男に騙されたなんて。因果応報《いんがおうほう》で笑っちゃう……。

「自分から好きになった人になると、極端にメンヘラ入っちゃうんです。男なんて意のままに操れるって感じで生きてきたんですけど、好きな人には、寂しいとか、見捨てないでとかそういう気もちが爆発しちゃって……。うまくいかないんです……」

「ふみかさんのなかで、『自分は愛されるに値しない人間』って思い込んでしまっているのよね。だからパートナーのいる男性を略奪することで、自分の価値を確かめたくなるの」

「……はい」

「そしてね、自分から好きになった男性に、子どものときにつらかった思いをぶつけてしまうのよね。大好きなお母さんに愛されなかった悲しさとか、お父さんがいなく

なってしまった悲しみとか。きっとそういうモノが一気にあふれ出してしまうのよね」

「なんかわたし、恋愛どころじゃないですね……」

なんとなく立ち寄ったここで、こんな話になるなんて。

「こういうふうに想像してみてくれる？　ふみかさんのなかにはね、愛されたかった5歳児の女の子がいるの。その子は小さいときのふみかさんよ。なんて言ってるか耳を傾けてあげてほしいの」

5歳のころのわたしを想像するだけで、蓋をしてきたなにかが弾けだして苦しくなった。

「寂しい、寂しい、抱っこしてよ、わたしを見てよ」って泣いてるの……？

ずっとずっとひとりぼっちでそこにいたの……？

「ふみかさん、その子を愛してあげられるのは貴女だけ……。ずっと無視してきてごめんねって、抱きしめてあげてほしいの」

無視してきてごめんね、そうだよね、わたしたち愛されたかっただけだよね。
お母さん、わたしを見てよ。もういいじゃん、わたしたちを捨てた人のことなんて。
お父さん、ひどいよ。どうしてわたしとお母さんを捨てたの？
ずっと無視してきた、真っ直ぐな苦しみ、感情。（＊1）
男なんてこんなモンでしょ。人生なんてこんなモンでしょ。
愛だの恋だの薄っぺらくて、バカバカしい。
じつの親だってこんなに薄情なのに、愛なんて笑っちゃう。

そういうふうに思ってたわたしが、一番誰よりも愛されたかった。

愛されたかったよ、お母さん、お父さん。

寂しかった、寂しかったよ、寂しかったんだよ。

お母さん！　お父さん！　お母さん!!

◇

「人なんて好きになれるでしょうか……。普通の恋愛なんて、愛情知らないわたしに手に入るのですか……」

「すぐには難しいと思うわ、でも必ず人を好きになれる。それには小さいふみかさんを受け入れてあげること。**ずっと苦しみを押し殺してきたわね。苦しかったねって、素直な気もちで小さな自分を労《いたわ》るところからよ**」

「ん〜、時間かかりそうです」

わたしは鼻水をすすりあげながら、笑った。

「世の中、親に向いている人が親になるとは限らないのよ。そういうの親ガチャって言うらしいけれど、わたしはあまり好きな言葉じゃないわ」

「言いますね、親ガチャw　失敗しました」

「ふみかさん、自分ガチャがまだあるわ。これはね、自分の気もち次第で変えられるものよ」

「するとわたしがするべきことって」

「恋愛以前に、自分を受け入れてあげてね」

「なかなかしんどそうです」

「わたしもそういう時期があったのよ、自分の苦しみをごまかしているとね、小さい自分がず〜っと『愛されたいよ！　無視しないで！』って叫んで不安定になるのよ。このミニミーはしぶといのよ〜w　受け入れてもらえるまで吠え続けるから。でも受け入れたときにね、本当の意味で恋愛ができるの。**男性を承認欲求に利用しない純粋な恋愛がね**」

ウケる。
清純派系小悪魔を自負してきたけれど、その中身はまさかの5歳児。
恋愛するレベルにも達してなかったとかw
あ～。男からのＬＩＮＥ溜まってる。
めんどくさ。いいやあとでブロック祭りしよ。

「この子、子どもっていうより女って感じで気もち悪いのよね」

あのひと言への当てつけみたいに伸ばしてきた、この髪。

バッサリ切っちゃおうかな～。


ねぇちびふみ、どう思う？

え、いいじゃん、やっちゃおうって？

うん、やっちゃおう！


これからわたしはわたしを好きになってあげなきゃね。（※2）

「いや～。メリ子先生、よく説教しなかったですね、あのご相談者さんに！」

「あら、メス力相談所は人を裁《さば》く場所じゃないのよ」

「まぁそうですけど……。でも親の影響って恋愛にめちゃ大きくないですか？」

「そうなのよ、それに誰しもがいい親に恵まれるとは限らないのよね、子どもを産んで一人前とかあんな言葉もウソよ。だったら毒親《どくおや》トラブルも嫁姑《よめしゅうとめ》トラブルも起きないでしょｗ？」

「そうですよね。でも家庭環境に恵まれなかった人でも、チャンスはあるってことですよね」

「チャンスはね、誰にでもあるの。大切なのは、誰かのせいにして自分を悲劇のヒロインにしないことよ」

「俺はヒロイン守ってあげたいですよｗ」

「そう言って男は背負いきれずに逃げるわよね～ｗ　重いってｗ　だから自分で受け入れるのが一番、君たち男はデザートね♡」

☑誰と恋愛しても満たされないのは、自分を受け入れてないから！

誰と恋愛しても満たされない。つき合う前後の高揚感《こうようかん》は好物だけれども、関係が安定してくると「もっとわたしを熱狂的に求めてほしい！」と不満が溜まってしまう……。

相談女に限らず、恋愛初期の情熱的な愛情表現でしか満足できない女性は、男性を承認欲求の矛先《ほこさき》として利用している可能性があります。これらの原因は、親から無償の愛を与えてもらえなかった飢餓感《きがかん》。あたたかく絶対的な親からの無償の愛を、恋愛初期の情熱で埋めようとしているのです。

そうして女として熱烈に求められることでしか、自分の存在価値を見出せないのです。その結果「飽きちゃった」と彼氏（未満）を取っ替え引っ替えしてしまったり、男性の情熱が落ち着いてくると「わたしのこと飽きたの？」と騒ぎだし、破局することに。

また、恋愛初期の高揚感が好物であるがゆえに、男性を落とす自己流テクニックはどんどん磨かれていきます。すると「男なんてチョロい」と男性を見下したうえに、男性不信までもこじらせてしまうのです。

愛されたくて苦しんでいる女性へ メリ子先生のメス力講座

＊1 真っ直ぐな感情で過去を振り返る

寂しかった。愛されたかった。たったこれだけのことを受け入れるのが、人によっては20年、30年かかるくらい大変なことです。自分を惨めだと思いたくない、当時を思い返したくない。そうやって蓋をしていると、いつまでもミニミーはあらゆる形で貴女の心をかき乱し続けることになります。

「寂しかったよね」「愛されたかったよね」「つらかったよね」と自分を労ってあげてください。

＊2 親に期待はしない。自分が自分を大切にする

世の中には子どもをうまく愛せない親や、母性や父性が欠落した親が存在します。

彼らに愛情を求め続けても、あっさりと裏切られますます傷つくだけなのです。期待はもうやめにしましょう。貴女には一生を共にする味方、貴女がいますよ。〝貴女〟を大切に！

☑ 親から無償の愛情を与えられてなくても、貴女は幸せになれる

親から無償の愛情を受けられた人間だけが幸せになれるワケではありません。確かに、愛情を受けて育ってきた人たちは愛情偏差値が高く、自己肯定感も高い傾向があります。

でも、愛するということは技術です。貴女が自分の欠点も長所も、悲しい過去も拒絶するのではなく、受け入れて、人生を愛に満ちたものにするという覚悟を決めたら、人生は変わりだします。そのための「メス力」です。

毒親に貴女の真っ白な未来を穢させないでください。

そこに未来を描けるのは、貴女だけですから。

CHAPTER 04

つき合っているのに結婚に至りません。どうしたらいいですか？

CASE 09

「結婚前提だったはずなのにフラれるんです！」

入籍・妊活を焦りすぎる女

「カズオ君、そういえば最近アプリで出会い探してるの～？」

「じつは前にちょっといい感じだった子と最近また遊んでるんですよ」

「え？　聞いてないわよ～？　よかったじゃないの！」

「まぁ、よかったっていうと、そうかもしれないんですけど……」

「なに、なにか問題でもあるの？」

「いや～。女の人ってなんであんなに結婚とか焦ってるんですか？」

「え、なにその話w　詳しく聞かせなさいよ」

「なんか『わたしね、30歳までに1人は産みたいの』とか言われて……まだつき合ってないんですよ?!」

「へぇ〜。あれね、これから返信するご相談にも似たようなのが来てたわ」

「あ、オンライン相談の方ですか？」

はー。男の人っていろいろ危機感がなくて本当にイヤになる。

もう、32歳。悠長《ゆうちょう》につき合ってる時間なんてない……。

わたしの人生計画、本当ならいまごろ第一子出産してる予定だったのに。

つき合って2か月の彼。「メスカ」の教えに従って、ちゃんと告白されたときに「結婚前提じゃないとつき合わないよ」って釘刺しして了承済み。

ちゃんと体の関係もがまん中w　だから「ど本命」なハズなのにさぁ、全然結婚の話進まないんだよね〜。

ただHするんじゃなくて、早く入籍して妊活したいんだよね。

それにはちゃんと親に紹介して、結婚式挙げて、入籍はその前後でして、急がなく

ちゃいけないのに。（＊1）

キスしてるときに胸とか触られると、（いやいやプロポーズいつよ）って頭をよぎっちゃう……。

トントン拍子で半年で入籍した友だちがうらやましすぎ！　しかもサクッと妊娠報告来たし！　でも友だちとか先輩とか実際30代になったら、妊活で悩んでる人多いし。いざ妊活してても、すぐに妊娠できるかなんてわからないのにさ〜（涙）。

はー。やっぱり男の人ってなにも危機感ない！　**きっとアレだよ、Twitterで読んだ「男は不妊の理由が自分にあるとは考えることすらない」ってヤツ！**（＊2）

わたしが妊娠できるとしても、男性不妊だってあるワケだよ？

そっか、そこから話をしなきゃいけないのか！　なるほど！

とりあえず、キス止めてちゃんと話をしなきゃだわ！

「ゲン君、ゲン君、ねぇ、ダメ！　ね♡」

「え〜なんで？　やっとふたりきりになれたのに」

そう、本当はお花見に行く予定だったけどあいにくの大雨。

だからはじめてゲン君のおうちに。本当は3か月ルール実践中だから、極力おうちでふたりっきりは避けたかったんだけど……。絶対興奮しちゃうし、男の人って。

あ〜、ほらゲン君、もう止まらないって目してる（困惑）。ちゃんと冷静になってもらわなきゃ……。個室でキスは本当危ないわ……。


「サオリ意地悪だな〜。意地悪し返すぞw」

「あ、もう〜。だめ〜。ね♡」

手が服のなかに侵入中（困惑）

あ、こら！　高めのブラなのに！　形が崩れる！

「お願い、本当にやめて！」

「……ごめ……」

…………。

「ごめん、変なこと聞くけど、サオリなんかトラウマとかあるの……？」

「ううん、そうじゃなくて」

そう、そうじゃなくて！　言わなきゃ！　ちゃんと聞かなきゃ！

「タバコって男性不妊のリスク高まるのは知ってる？」

「……」


「サオリは俺のこと本当に好きなの？　結婚したいだけじゃないの？」

この2年で3人目。似たようなセリフを言われたの。

ショックすぎて「今日は帰るね」って土砂降りのなか飛び出して、ひとりでドライブ。

だって結婚前提じゃなかったの？　またおクズ様に引っかかっちゃったの、わたし？

「俺のこと好きなの？」って、こっちこそわたしのこと好きなの？　って聞きたいわ(涙)。

あ～忠実に「メス力」やってるハズなのに、なんで? やっぱり神崎メリ子に直接相談聞いてもらわないとダメかも～……。

でも東京まで行くのはムリだし……。


「そうそう、オンライン相談の方よ。結婚とか妊娠に焦ってしまうタイプのご相談者さまね。そしてしかも」

「しかも?」

「自分の不安を全部、言葉にしちゃう、距離感バグりタイプの方だわ」

「距離感バグりって、メリ子先生、どういう言葉ですか、それw」


「メリ子先生、はじめまして。片平サオリと申します。よろしくお願いします。

32歳、会社員。2か月前から結婚前提でおつき合いしている人がいます。

わたしは昔から結婚願望が強く、また子どももできれば2人は授かりたいと考えています。

いろいろと逆算した結果、年内には親に顔合わせ、入籍、引っ越し、挙式を終わらせて早めに妊活に取りかかりたいのです。

結婚願望がある人じゃないとつき合えない、と説明したうえでおつき合いがはじまっているのにもかかわらず、「誰でもいいから結婚したいだけでは？」と手のひらを返されてしまいました。

以前も結婚前提でおつき合いしていた男性から同じような仕打ちを受けました。男性は結婚や妊活への意識や知識が乏しくて、不安になります。いまつき合っている人は、いい人で（ど本命だと思います）、唯一、タバコを吸っている点には目をつぶっておつき合いをはじめました。

「男性不妊の原因につながるから、タバコは控えてほしい」と伝えたところ、「俺のこと好きなの？　結婚がしたいだけ？」と言われました。**ど本命ならタバコを**

やめて、すぐにでも婚約してくれると思っていたのでガッカリです！（＊3）
またおクズ様に引っかかってしまったのでしょうか？
3か月ルールは実践中で、まだ体の関係はありません」

「これは……つき合ってまだ2か月なんですよね?!」

「そうみたいね」

「これは勃た……いや〜。男からしたらちょっと怖い話ですよ！」

（勃たないって言いそうになったわね？　この子w）

「なんていうんですかね……。もの扱いされてる感じっていうか」

「種馬扱い？」

「それです！（やっぱメリ子先生ズバッとすごい単語使うな〜w）」

「そうね、でも女性側は無意識にやってしまいがちなのよね」

「男からすると、なんか追い込まれてる感がハンパなくします！」

「そうなのよね、でも気がついていないからこそ、ちゃんとご相談者さまに伝えてあげなきゃいけないのよね。**真面目で直球な人ほど、早い段階で男性を追い込んでしまうのよ……**」

「サオリさんこんにちは。彼氏さんに男性不妊の原因になるので、タバコは控えてほしいと伝えたとのことだけれど、もう子どもをつくるという前提でおつき合いをはじめたのかしら？」

「子どもはもちたいとつき合うときに話はしています。相手も子どもは欲しいって話をしていました。でもまわりの話を聞いても男性って、結婚前提って言いながら自分から動かなかったりしてダラダラと時間が流れていく印象です。

実際、29歳から1年半つき合った人がなかなかプロポーズしてくれなくて、『結婚前提でつき合ったのだから早めにプロポーズしてほしい。年末に両親にあいさつしてほしい』というようなことを伝えたら、両親に会う土壇場《どたんば》になって『やっぱりいまは結婚はできない』と言われ別れました。

その後「メス力」を知って、早い段階で体の関係になってしまったこと、料理をつくったりして尽くしてしまったことを反省しました。

簡単に体の関係にならずに、ちゃんと結婚前提でつき合って、それでもプロポーズまでたどりつけなくて苦しいです……」

「入籍や妊活のこと、女性は焦る気もちになるのはわかるわよ。子どもが欲しいと願う女性であれば、誰でも年齢的なリミットが気になるもの……。でも男性にサラッと『子どもは欲しい？』と聞くのと、具体的に妊活のことを聞くのとではいろいろと違うのよね。**そこまで踏み込んだ話をする前に、まずは信頼関係を築かないといけないのよ**」

「信頼関係ですか？　どれくらいかけたら築けますかね……？」

（結局は時間が必要なの？　と思うとため息が出る。

でも1年半つき合っても、逃げる男は逃げるモノだし……）

「時間をかけることも大切だけど、まずは男性に『この人結婚に焦ってるだけじゃないかな？』と見透かされないことよ。『結婚がしたいのであって、俺のことはそこまで好きじゃないのかな？　利用されてる？』と感じてしまうと、その女性のことを疑ってかかってしまうようになるから、信頼関係を築くどころではなくなるのよ」

（う……。グサッとくる）

「たとえば、とある男性が結婚や子どもをもつことに焦りを感じていて、婚活をしているとするじゃない？　そういう男性は異常なほどに、女性の若さにこだわって『産める、産めないジャッジ』をしがちなのよ。もちろん、子どもを願うその男性の気もちもわからなくはないわ。**でもこう思わない？『女を産む道具としてしか見てない？　わたしじゃなくてもいいのでは？』って**」

「思います。実際デートした人に『僕、子どもがもちたいから20代の女の子がいいんだよね』って面と向かって言われて、すごく腹が立ったことがあります……」

(帰り道、「女を馬鹿にすんなよ!」って悔しかった。
年齢なんて知ってるハズなのに、それだけ言うために時間つくったの? 一体なにを考えてるの? って悔しくて……)

「辛口でごめんなさいね、サオリさんも同じことをしてしまっているわ。つき合ってすぐに、妊活を見据えて「禁煙して」なんて言われたら、男性は逃げ出すわよ。間違いなく恋心は鎮火してしまうわ……。**男性の下半身はナイーブよ。ただでさえプレッシャーに弱いの。**3か月ルール解禁どころか、下手したらそのまま縁が切れてしまう。

男性って、求め合ったうえで肉体関係を結ぶことは大好きだけれども、種馬目的って感じてしまうと萎《な》えてしまうのよね……。とてもデリケートな話だから、少なくとも現段階で、そういう言い方はすべきじゃないわ。**せめてちゃんと入籍**

してからよね」

（た、**種馬目的……。衝撃。**だって相手も子ども欲しいって言ってたのに、そんなふうにとらえちゃうの?!　男の人ってなんかワガママに感じる！）

「そうだったんですね、難しいです。それをふまえたうえで、早めにプロポーズされて、子どもをつくる段階に進むためにはどうしたらいいでしょうか？」

「**『この女性の夢を叶えたい』って男性にちゃんと惚れてもらうことよ。**男性は心から惚れた『ど本命』の夢を叶えたいと思うもの……。**でもね、『ど本命』になるためには大切な要素があるのよ、それは打算的な女性ではないこと。サオリさんが『メス力』で『ど本命』になる目的が、相思相愛の人を求めるのではなくて、なるべく早く結婚してくれる男性探しになってしまってはいないかしら？　ちゃんと彼に恋している？　男性は打算的な女性を見抜いてしまうのよ……**」

（……彼に恋してる……？

わからないな……。会いたいとは思うし。でも「結婚してよ」って感情が強すぎて、確かになるべく早く入籍できる男ならそれでいいって思ってたかも。

「ど本命」として結婚すれば、いろいろとわたしに有利だろうし……。

これってもしかして、わたし、打算で動いてたのかな……？）


「しっかりと相手を見て、自分が恋をしているか心に聞いてみましょ。そのうえでの、笑顔や褒めるや、自分の時間を大切にする『メス力』や、3か月ルールよ。今回の件は、タバコの煙が苦手で変な言い回ししちゃったって謝るといいわ。妊活に焦ったとか触れなくていいわよ」

メリ子先生のアドバイス通りに、ＬＩＮＥしたら返信があった。

「びっくりしたよｗ」

なんとなく、彼なりに笑いに変えてこの件を流そうとしてくれているのかも、って感じた。

「タバコは目の前で吸わないほうがいい？」

「うん、そうしてくれるとありがたい！」

「承知しました〜！」

タバコとか依存性があるものをやめさせようとすると、結局簡単にはやめられなくてもめるわよ、とのメリ子先生の教え。目の前で吸わないだけでもすごいことよって。

「タバコは目の前で吸わないほうがいい？」か。

わたしと別れるつもりはないってことだよね？　わたしのこと好きなのかな？

それ以上にわたし、この人のことちゃんと好きかな？

この人が事故や病気で体が不自由になっても、いまの年収より下がっても（年収よく知らないけど……）。
もしもふたりの間に子どもが授からなくても……。
それでも好きって言い切れるくらい、好きかな……？

言い切れないのに結婚、妊活って突っ走りすぎたかも。
そういえば相手のことよく知らないしw
とりあえず、もうちょっとゆっくり相手を観察して、自分の気もちも観察しよう。
相思相愛で、お互いを支え合う「ど本命婚」がしたいしね！

は～。幸せになりたい！

✚
✚
✚

「そういえばカズオ君、最近デートしてる子とはどうなの？」

「この間の相談でのメリ子先生とのやり取り見ていて、確信しました！」

「ふうん、なにを？」

「俺、結婚目的要員だなって、だから相手の女の子からお見切りしてもらいました！」

「なにそれ、どうやったの？」

「『そういえば俺、正社員じゃないよ』ってLINEしただけです」

「あら？　相手の子は？」

「『就職したほうがいいよ、夢はほどほどにね』って返信あったきりLINEなくなりましたね、毎日やり取りしてたのに……」

「ね～w　**安定した男となるべく早く結婚したい女心を逆手に取る、謎のテクニック。**身につけてるんじゃないわよw」

「オス力ですw　打算で寄ってくる女の人のふるいのかけ方、発信できますよ俺w」

「また調子に乗ってるんじゃないわよw」

「でも虚しいです……大人になると打算の恋愛ばっかりで……は～」

「アナタがね、心底誰かに惚れたらいいのよ。男の本気に女は感化されることもあるわ。生ぬるい恋愛ばっかかしてるから、そういう女性が寄ってくるのよ？」

「狂うくらいの恋したいっす……。ハァ〜満たされない！」

「だからまず自分が恋に落ちなさい！」

☑ 結婚要員、種馬要員探しの「メス力」に走るとうまくいかない！

わたしたち女性が体目的の男性を嫌悪し、「俺様（○○家）の子孫を産む要員」扱いされるのに抵抗があるように、男性も結婚要員、「とにかくわたしの赤ちゃんが欲しい」種馬扱い（と感じる対応）をされることに抵抗があります。

冷静になると当たり前のことなのですが、わたしたち女性には出産のリミットがどうしてもあり、自分の行動が見えなくなってしまうのですよね……。その結果、「早く結婚して、早く妊活しよう」とプレッシャーをかけてしまい、うまくいくハズだった恋愛も「俺じゃなくてもいいんでしょ？　結婚してくれる男なら」「俺の子どもが欲しいの？　違う気がする、理想の家族像の型にはめたいだけでしょ？」と思われてしまい、うまくいかなくなるのです。

☑ 男性を急かして逃げられてしまう女性へ メリ子先生のメス力講座

＊1　逆算のしすぎは突っ走りの元！

多くの女性に心当たりがあるハズです。「子どもを◯歳までに産むためには、今年中には入籍して〜ってなると、11月までには親に顔合わせ?!　結婚式は?!」と逆算して、勝手に焦り、彼氏を急かしまくってウンザリされてしまうケース。

確かにある程度の逆算は大切ですが、お互いの気もちや、親に紹介するタイミングも重要です。１か月でも早く入籍することにこだわる女性が多いですが、結婚してしまえば「たった1か月、なんであんなに焦ってケンカしたんだ?」と目が覚めるモノ。逆算のしすぎは、相手を型にはめようとして逃げられてしまう結果に終わると覚えておいてください。

＊2　SNSを鵜呑みにしすぎない！

SNSをやっていると、「うちの旦那はこんなことも知らなくて……」と男性不信になるような（？）内容がフォロー外からも回ってきます。確かに男性のほうが、女性よりも結婚（式）や妊活関連の知識には疎い傾向があるかもしれません。

しかし、そういった情報を鵜呑《うの》みにして「大変！　すぐに彼に説明しなきゃ！」となってしまうと、ますます焦る気もちが加速してしまいます。

「そうなんだ、男性と女性とでは知識レベルが違うんだね」と受け止めて、お口にチャックをしましょう。情報はタイミングを読んで、冷静に。これが焦っている印象にならない秘訣です。

＊3　理想像に相手を当てはめようとしない！

逆算して焦る女性に多いのが、理想の夫（家庭）像を想像しすぎてしまうこと。理想から逆算して、「タバコやめさせないと」「趣味を減らさせてお金貯めさせないと」「食生活改善させないと」「交友関係狭めさせないと」いい旦那、いいパパになれない！

こうやって相手のことを減点目線で評価し、しかも「よかれと思って言うけど……」と忠告します（貴女自身の理想のためです）。相手はどんどん息苦しさを感じて、そもそも結婚話すら消えてしまうことに……！　何事もおおらかな目で見ること、そしてどうしてもイヤなことは、相談し納得点を見つけることです。

想像してください。彼が理想の妻像をもっていて、「コスメは無駄使い、化粧やめなさい」「洋服は年に3着、無駄でしょう！」「良妻たるもの、朝3品以上、昼はお弁当、夜は4品以上つくるべし」などと言い出したら……。きっと女性はこう言います。「メリ子先生、彼、モラハラかもしれません！」

☑ プレッシャーをかけるより恋心を大切に！

男性はプレッシャーに弱いイキモノです。これをかけられると、恋心が萎えるうえに、「大好きなんだけど、彼女には性欲が湧かない」というジレンマに陥ってしまうことも……。

早く結婚したいのであれば、自分の夢を叶えてほしいのであれば、プレッシャーをかけるのではなく、彼に恋される女性であってください。貴女の希望は「ど本命」になれば叶います。

ああだこうだと命令したり、ここ変えて、あれがダメ！　と指示するよりも、笑顔で「～してくれたらうれしぃ♡」「いつもありがとう♡」とほほ笑んでいるのが一番なんですよ。これが男性との信頼関係を育むコツです。

そういう女性の「今年中に入籍したいかも♡（ニコ）」であれば、「そうなん？　了解！」とスムーズに進んだりします。

プレッシャーをかけるほど焦っている印象になって、「俺じゃなくてもいいんでしょ？」と思われてしまうので気をつけてくださいね。そして、男性を理想の結婚に当てはめられる人かどうか？　ジャッジするのではなく、「この人と一生仲よくしていたい」という純粋な感情を大切にしてください。

結婚はしなくてはならないモノではありません。

結婚を人生のゴールにしないようにしましょう。

CASE 10

「長くつき合ってきたのに、略奪されそうです……」

尽くした挙げ句に損ばかりする抱え込み女

「圭ちゃん、そろそろお風呂沸いたと思うよ」

「ん～？　ん～」

「早めに入っちゃって。わたしも明日早いから。ほら、ゲームもいいけどお風呂」

「は～い」


同棲して半年、結婚前提だったはずなのに、進展なし……。

一緒に住みだしたらさらにラブラブ感増すかなって思ってたけど、それどころか前よりも早起きして、朝食とかお弁当つくったり、夕飯の仕込みしてカンタンに掃除し

てって、わたしのやること倍増中でラブラブどころじゃなく。（＊1）
彼？　家事とかそこまで期待してなかったけど、本当な～んもしない……。
そもそも結婚していいのやら……。同棲して相手の生活態度を知れて、もしかして見切る機会？　でも4年つき合ってきてそんな簡単にねぇ……。
だけど、話し合おうにも最近様子がちょっと変なんだよね……。

あ、圭ちゃんスマホ開きっぱなし。

いつもなら絶対、絶対、絶対にそんなことしなかったけど、なぜかこのときだけはスマホを確認しなきゃいけないって気がした。

え……？　なに、このLINE……?!

見ちゃいけない、パンドラの箱を開けてしまったら、それまでの関係はおしまい。
あとは毎日、疑心暗鬼《ぎしんあんき》で過ごすだけ。でも、

「LINE見たよ」

なんて言えないし、どうしよう……。

誰かに話を聞いてほしい！

✚ ✚ ✚

「そういう理由で今日はこちらに来ました」

メス力相談所。ネットで検索して見つけた、恋愛の駆け込み寺。恋愛の悩みに限らず、そもそも人に悩みを話すことが本当に苦手で。

だったら、知らない人のほうがまだ話す気になるかもしれないとドアを叩いた。

「友川さん、詳しくありがとう。遠距離含めて4年つき合った彼にいい感じの人ができた、みたいなことでいいのかしら？　LINEをしていた女性とはどこまでの関係かおわかりになった？　二股をかけているとか……」

「二股とか、そういう感じではまだなさそうで……。**なんていうか相手の女性の相談に優しく乗ってるだけなんです。で、親身になってあげて、でもあんなに優しい彼……相手に好意があるとしか思えなくてすごくショックで……**」

「相談女ね」

「相談女？　相談女ってなんですか……？」

「彼女や奥さんがいる男性をターゲットにして、相談をもちかけて男性の庇護欲《ひごよく》を掻き立てて略奪を企《くわだ》てる女性のことよ」

「え……？」

「『こんなことカズオさんにしか言えないんです』って男性の優越感をくすぐるの」

「メリ子先生〜！　お呼びですか？」

「あ、ごめんなんでもないわ。カズオ君、これ冷たいお茶に差し替えてもらっていいかしら？」

「あの、その、『こんなことほかの人に言えないんです』みたいなの、まさにわたしの彼のＬＩＮＥにあった文面です！　メリ子先生、彼のＬＩＮＥ読んだの!?　ってくらい驚きすぎて……」

「彼はなんて返信していたの？」

「『自分でよければいつでも相談に乗りますよ。気晴らしに食事でも行きますか』って……。同棲してからわたしのこと食事に誘い出してくれたことなんて一度くらいなのに！」

「友川さん、貴女、彼に相談をしたりすることあるかしら？」

「いえ……。そもそも相談とかを人にするのが苦手なんですよね」

相談してケンカになったり、気まずい思いをするくらいなら、さっさと自分で解決したほうが早い。いままでもそうやって人生やりすごしてきた。（※2）

「じつはね、パートナーが相談女のターゲットにされやすいタイプの女性っているのよね。友川さん、ご家族にも相談をしないタイプではなかった？　それどころか、家族や兄弟に対して面倒見がよかったり……」

「……はい、まさにです！」

母親はわたしを娘というよりも、右腕として扱う人でした。

単身赴任の父、フルタイムで働く母。そして5歳年下の妹と、7歳年下の弟。

つねにワンオペでいっぱいいっぱいの母……。

それでも前向きでとても優しくて、模範的な人間性だと思います。

でもそれが息苦しくて……。


「お姉ちゃんなんだからしっかりしてね」

「真緒《まお》、お姉ちゃんなんだから真衣《まい》に譲りなさい」

「お姉ちゃん、翔人《しゅうと》の明日の準備手伝ってあげて」

「お姉ちゃん、ママ今日遅くなるから、園のお迎えお願い」

「ママ手が離せない～。お姉ちゃんにやってもらいなさい！」

「お姉ちゃん、今日ママ遅くなるから、夕飯よろしくね」

「や〜だ！　真衣の！　ママ〜！」

「俺のだぞ返せ！　痛って！　マ〜〜〜〜〜〜〜マ〜〜〜〜！」

「真衣も翔人もケンカしないの！　ちゃんと座ってご飯食べなさい！」

「お姉ちゃん、お姉ちゃん」って甘えてくる兄弟はかわいいけれど、当然「ママ」には敵《かな》わない。でもどんどん責任は増えていく……。

「友川さん、ご主人単身赴任でしょう？　3人の育児しながらお仕事大変ねぇ」

「本当に！　あはは、ほ〜んと男の人はいいですよ〜。たまに帰ってきて子育てのおいしいところだけもっていくでしょう？」


ママ。わたしにはママもそういうふうに見えるよ。

まわりから「大変ね」って労《ねぎら》ってもらえて、わたしのことは誰も見てくれないよ。

ママも……。

「友川さん、長女としてがんばってきたのね」

「……母親が嫌いというとそんなことは全然なくて、尊敬しています。ただちょっと疲れちゃったんです」


そういえば……。

自分のなかで決定的な出来事があった。

中学で親友たちから無視されている時期があった。理由はとくになし。いまとなったら思春期の女子特有のやつだとわかるけれど、学校生活が自分のすべてだったあのころはキツくてしかたなかった。

ただ母に話を聞いてほしくて……。妹と弟が寝静まったあと、母に話を聞いてもらおうとリビングへ向かった。

「ママ、ちょっといい……？」

「真緒……。貴女までなにかあるんじゃないでしょうね……」

母はなにかに頭を抱えているようだった。

「なにかあった？」

「翔人がね、ふざけて友だちにケガさせちゃったのよ……。5針も縫《ぬ》うようなケガ
……本当に……。は～貴女だけよ、わたしに心配をかけないのは。それで話って？」

「ううん、なんでもない」ってわたしは自分の気もちを飲み込んだ。

わたしは大丈夫。だってお姉ちゃんだから。

相談なんかしてまわりに迷惑をかけるくらいなら、自分で解決しちゃうほうが精神的に楽だし。

でもそのころからかな……。

自分の本心を話そうと思うと、喉の辺りがキュッ〜って詰まる。

大丈夫でしょ？　自分でできるでしょ？　相談したら迷惑かけるよ？　って誰かが耳元で囁《ささや》く。お姉ちゃんはイイ子じゃなきゃねって。


「そんな感じで生きてきたんです。でも大学で彼と知り合って、すごく優しい人で、わたしも少しずつ自分のことを言えるようになったかな？　ってところで遠距離になっちゃったんですよね」

「遠距離はうまくいっていたのかしら？」

「はい！　それでプロポーズされて、父が単身赴任で母が大変だったのを見て育ったので、『近くにいてくれる人じゃないと無理』って伝えました」

圭ちゃんが淹れてくれたコーヒー飲んでゆっくりしてたっけ……。

「尽くしてくれるっていうか、確かにいま考えると彼がしてくれることもいろいろあった気がします。それにわたしもそれを受け入れてました」

「多くの男性が頼りにされたいのよ。女性から頼りにされることで自尊心がくすぐられたり、自己有用感……『俺って必要にされているんだな』ってうれしくなるの。だからそれを逆手に取ってくる相談女に惹かれてしまうというワケ」

相談女……。安定した4年間、なにがあるかわからないものね……。

「……相談女のこと、なんて警告したらいいですか？」

「相談女と張り合うのではないのよ。彼氏さんは確かに貴女のことが好きなの。だからつけ入る隙をつくらないことよ」

「つけ入る隙……。なくしたいです！」

「自分が誰かを頼りにすることを恐れないでほしいの。とくにパートナーである男性にね。友川さんのような女性は、**まず素直に『お願い』をすることよ**」

「お願い……言えますかね～！」

喉がまたキュッてなりそう……。

「言えるわよ、コツは察してもらおうともせず、責めずに、かわいくお願いよ」

「かわいくですか～。恥ずかしいです」

思わずおでこをかいてしまった。かわいい自分、想像するだけで照れる。

「相談女に狙われているのよ？　友川さん、これは貴女が乗り越えるべき課題よ」

あぁそうだった……。彼を狙っている人がいるんだった……。

「『わたしには抱えきれないの、お願い助けて』と、正直に気もちを伝えてみて。できれば手を握りながら。人に頼れない、お願いができない、そういう自分を乗り越えたら、彼の心を満たせる女性になれるのよ。それはすなわち、男性からの優しさによっ

てこちらも満たされるということでもあるの」

「……やってみます！」

「最後にひとつだけ、話をしてるなかで相手を責める言葉が出そうになったら、信頼と尊敬を思い出すのよ」

「信頼と尊敬ですね」

「そう、相談女が男心をくすぐるテクで使うアレよw　こちら側も逆手に取って利用しなきゃ。張り合わずに気もちをつかみ返してね」

✚ ✚ ✚

「メリ子先生、相談女ってすごくないですか？」

「そうね〜男性を落とすテクニックは見習うべきものがあるわ」

「確かに、頼り上手な女の人って男からすると惹かれるものがありますし、なんていうか自分でなんでもできちゃう女の人って、言いにくいんですけど……」

「なによ」

「かわいげがないんですよね……。俺って必要ある？　って思っちゃうっていうか」

「俺って必要ある？　って思うどころか、劣等感刺激されちゃうんでしょ？ｗ」

「やめてくださいよｗ　器が小さいみたいじゃないですかｗ　でも、まぁそうです」

「ま、男性のそういう部分もかわいいって達観できるようになると、うまく尽くさせて満足させてあげられるようになるわ」

「なんか自作自演ですね～」

「でもさ、男性もわかっているでしょ？　いま甘えられてるなって、それをふまえたうえで……」

「はい、尽くしちゃいますねｗ」

「**尽くさせるとか甘えるって、男性を利用することではないのよ**、自分で動いたほうが早いもの～。大好きな人だから、わざわざそうやっていい意味での隙を見せて、幸せにしてあげたいのよ」

「メリ子先生とつき合ったら……」

「つき合ったら？」

「めっちゃコキ使われそうですよねｗ　あ、いまと変わらない？」

「あら、そんな冗談言うなんて、余裕がありそうねー? データの整理お願いしちゃおうかしらー?」

(うわ、余計なこと言った? この人ただのSな気がする……)

「圭ちゃん、ちょっといい?」

「ん、うん」

メリ子先生の教えをもとに、責めずにかわいくお願いをしなきゃ……。いまの生活はいっぱいいっぱいだって伝えなきゃ。責めずに……責めずに……。素直にかわいく……。

「あのね……」

喉が苦しい……。キュッて締まる……。言葉がうまく出てこない……。

ほら、言わなきゃ！　言わなきゃ！　相談女に取られる！


「LINE見ちゃったの」


「え……？」

どうしよう、伝えたいことはそうじゃない！　そうじゃないのに……！

「勝手に携帯見るとか、最低だってわかってる。でも、一緒に住みだしてからの圭ちゃんなんかおかしくて、なんか嫌な予感がしてどうしても見なきゃいけない気がして見ちゃったの……圭ちゃん、ふみかって誰？」

「あー……いや、仕事関係の人に飲みに誘われて……そこで知り合った人で、別に変な関係じゃなくて……」

「圭ちゃん、その子に優しかったよ？　見たことのないかわいいスタンプたくさん使ってたよ？　圭ちゃんどうして……」

一度言葉にしたら止まらなくて、ガマンしてたぶん、子どもみたいにわんわん泣いてしまって……。

「ゴメン、本当にゴメン……」
「圭ちゃん、わたしおうちのことひとりで回しきれないよ～～～～～もう、ムリ！」
「ゴメン……」

「やっと見つけたのに、圭ちゃんだけは、わたしのこと包んでくれるって信じてたのに！
圭ちゃんがね、せっかくプロにスカウトされたのにケガでダメになっちゃって、めちゃくちゃ落ち込んでたでしょ？　もう俺なんてダメだって、でもわたしは信じてたよ、圭ちゃんはプロ選手とかになれなくても……いい人生送れる人って、だからついてきたの」（＊3）

「……」

「圭ちゃんは特別……みんなと違うって……」

そう、夢が破れても、そこで腐るような人じゃないって信じてた。その人柄があれば、必ずいい人生を送れる。そういう人だって。

「圭ちゃん……？」

「ゴメン……。俺、なにやってるんだろ……」

圭ちゃん、泣いてる……？

「真緒のためにここに来て、でもなかなか仕事にも馴染めなくて、俺ってなんだろうって……夢も叶わなかったし、必要とされない人間なのかなって……。バカだろ？
俺には誰よりも信じてくれる人がいるのに……」

「わたしが必要としてるよ……でもそれを伝えられなくて……ゴメンなさい」

頼りにされてばかりで生きてきた人間だった、わたし。
でもそれが重荷になってた。
だから貴方にはその荷物を背負わせたくなくって、ひとりで背負いすぎてた。
それがこんなにも貴方を孤独にさせてしまっていたなんて……。

男と女ってこんなに違うの？

「真緒、ＬＩＮＥの人とは連絡を取るのをやめる……。俺のことゆるしてくれる……？」

これから先、圭ちゃんがほかの女性に惹かれない保証なんてどこにもない。
でもそれはわたしだって同じ。
ただ、頼れない女だった自分を変えることで、もしかしたらわたしの運命も変えられるかもしれない。だってもう、ウンザリ。すべてを背負い込むの。

それに信じたい。圭ちゃんのことを。やっぱりこの人が好き。


「ゆるすっていうか……信じる。家事のこととかも、これからは一緒にやってね♡」

あぁ、グシャグシャの顔で精いっぱいのかわいくお願い……、できたかなぁ？


「いままで任せっぱなしでゴメン。真緒……あのさ……」

「ん？」

「なんでもない。いろいろちゃんとしてから言うわ」

「……」

「でもひとつだけ、愛してます」

ひとりで抱え込んでしまう女は男を孤独に追い込んで、自分も孤独になる！

「男って本当になにもしてくれないよね」とアレコレと尽くしていたら、甘え上手な女に彼がデレデレしていた……。

「え？　なんでなにもしない女にそんなにデレついているの？」とムカついてしょうがない。そうやっていつも損な役回りになってしまう女性は、心のどこかで「相手の負担になりたくない」と思ってしまうタイプです。

責任感がある性格の方が多いのですが、男性は頼りにされたり、甘えられることで、自己有用感を得る傾向があるので、抱え込み女といると、「俺なんてなんの役にも立てないし……」と孤独になってしまうのです（裏目に出ています）。

女性が尽くしてしまったり、先回りして世話を焼いたり、同棲して家事をほとんど抱え込んでしまうと、プロポーズされない！　という悩みに行きついてしまうのです。

そしてパートナーに頼りにされない孤独な男性を狙って、相談女は略奪を仕掛けてきます。

☑抱え込んで損をしてしまう女性へ メリ子先生のメス力講座

＊1 家事分担ははじめが肝心！

同棲にしろ、新婚生活にしろ、女性は「良妻アピールをして、彼をますます惚れ込ませなきゃ♡」と家事を張り切ってしまう傾向があります。

「いいよ、疲れてるでしょ？　ゆっくりしててね」とつねに彼を上げ膳据え膳した結果、思った以上になにもしない彼（夫）が爆誕するのです。はじめのうちはいいのですが、女性は「わたしばかり尽くしてない？」と感じると、自然と男性に見返りを求めます。

そして家事を指示してみるのですが、「お手伝いって感覚で家事されても意味わからない！」とますます納得できないのです。こうなってくると、「わたしにばかり家事を押しつける男」としてしか相手を見られなくなり、恋愛感情が薄れてきます。

一方、男性側も「この人といるといろいろしてくれて楽」とは思うのですが、なぜかわからないけれど、一緒に過ごしていて満たされないという気もちになっていくのです。お互いに孤独感を募らせてしまいます。

＊2 伝えることを恐れない！

責任感が強い、抱え込み体質の女性は自分に厳しく、家事なども完璧主義の傾向があります。その結果、相手に求めるハードルも自然と高くなってしまいます。すると「相談した内容を100パーセント完璧にこなしてくれない」と不満をもつように。そして「だったらわたしがさっさと動いたほうがマシ」と自己完結してしまうのです。

繰り返しますが、その抱え込む姿勢を続けるとお互いに孤独になるだけです。相談や話し合いで100パーセント相手に理解させようとするよりも、かわいく「〜してくれると助かるな♡」と恐れずに伝えてみましょう。

完璧主義に陥らずに、まずは相手に居場所をつくってあげる気もちで。そうして彼に貴女を支える喜びを与えるうちに、勝手に家事スキルは上達していきます。なぜなら彼は、やらされているのではなく、貴女のためにやってあげたいという気もちで動いているからです。

こういう気もちで貴女を見ているうちは、ほかの女性がつけ入る隙はありませんし、結婚生活についてもポジティブなイメージが湧いて、貴女と早く結婚しよう（居心地がいいから）と思うものなのです。

＊3【キラーメスカ】感情的になったら「尊敬」と「信頼」でピンチを回避！

言いたいことをがまんしてきた女性が、いざ言いたいことを穏やかに伝えようとしたとき、いままでの人生でがまんしていたぶん、一気に感情があふれ出してしまうことがあります。

たとえば「スマホを見た」。これは「メスカ」としてアウトであり（別れる覚悟がないのであれば見ないこと！）、ましてやわざわざ口に出すことでもありません。しかし、人間ときには言わなくていいことを言ってしまうこともあるものです。

そのとき、どんな部分でもよいので貴女が彼に対して尊敬、信頼している部分を伝えてください。決定的な破局を迎えることを回避できます。

ただし、頻繁に「ど本命クラッシャー」していたら、その尊敬も信頼も「また言ってるよ」としか思われないのでご注意。

＊余談

女性がよくわからないタイミングで「愛してる」や「結婚しよう」と言うのが男性ですw

☑大好きな人の前では背負ってるものを降ろせる女性になろう！

責任を背負わされて育ってきた貴女。これまで生きてきたなかで充分しんどい思いをしてきたはずです。彼には素直にそれを伝えてください。

「環境的にいろいろ抱え込まざるをえなくて、貴方と出会うまでしんどかったんだ」と。

男性は自分が特別な人間になった気分になります。こうしてヒーローにしてあげることで、貴女も彼も満たされる、孤独感とは無縁な関係が築き上げられるのです。

EPILOGUE

恋愛は自分自身と向き合う旅

「メリ子先生、俺ここで働きだして思ったんですけど、恋愛って本人だけじゃなくて、けっこう両親とか環境とか関係しているんですね」

「そうよ。本人はあまり気がついてないけれどもね」

「そうなってくると、親ガチャとか環境ガチャ失敗だと、恋愛をうまくいかせるの大変ってことじゃないですか？　不利っていうか……」

「まぁそれは、家族円満で愛情たっぷり注がれてきた人に比べたら大変かもしれないわよね。でもね、そういう苦しい思いをした人たちにとって、大切なことに気がつくきっかけにもなるのよ、恋愛って」

「大切なこと……ですか？」

「カズオ君、この世の中にコンプレックスがない人間なんていないものよ。それは愛情たっぷり注がれて育った人だって同じ。みな、人知れず劣等感に苦しんでいるもの。**その劣等感こそが、恋愛だけじゃなく人生をこじらせてしまう原因なの。**恋愛で苦しい思いをするじゃない？　**表面的な部分じゃなくて〝なんでわたしの恋愛ってうまくいかないんだろう？〟ってじっくり内観することによって、本当の劣等感に気がつけるのよ。その劣等感から逃げずにしっかり受け入れていくと、恋愛も人生もずーっと楽になるわ**」

「劣等感から逃げずに受け入れるか〜。ミニミーの受け入れみたいな感じですか？」

「そうね。よく覚えてたじゃないw　**劣等感を受け入れない人は、その劣等感のモヤモヤを晴らすために恋愛を利用してしまいがちよ。**すると……」

「うまくいかなそうですよね」

「いかないわ〜。**だって相手のことなんて本当は見ていなくて、表面上の自分のことしか見てないのだもの**」

「なかなか厳しい意見ですね……！」

「ええw　だってわたしもそういう道を通ってきたもの」

「メリ子先生が恋愛で苦労してる姿とか、想像つかないですよ！」

「いろんな苦い経験をしたわ〜……。好きになった人に借金を背負わされそうになったり……。あと、二股かけてきた男もいたわね……」

「マジですか⁉　メリ子先生から金むしりとろうとするなんてどんな強者ですか！　命惜しくないんですかね⁉」

「あのさ～。人を暗殺者みたいに言わないでくれる？　これでもか弱い乙女時代があったのよ～！」

「想像つかないですね……。か弱いってｗ」

「失礼すぎるわね、貴方……。まぁそういう過去があったからいまのわたしがあるのよ。苦しんで苦しんで、自分から逃げずに向き合って受け入れて……。そうして自分自身と向き合う旅を経て幸せに近づいたの。わたしはその経験を少しでも多くの女性たちとシェアしたいだけ……」

「あの～メリ子先生に聞きたかったんですけど、ご結婚されているんですか……？」

「ん～～～～～～、内緒♡」

「いやいやいや、そこ大切なところですよ！」

「あ、そうそう高校生の子どもがいるわよ」

「え⁉　一体おいくつなんですか⁉」

「だから、内緒♡」

「いやいや本当に私生活謎ですよ……」
「秘密の数だけ女は魅力的になる！　なんてね。さ、カズオ君帰るわよ」

今日もどこかで悲しみの涙を流している女性がいる。
「わたしなんて幸せになれないんじゃないかな」って暗い部屋で失望している女性が。
貴女の本当の苦しみはなんですか？
尽くしてしまう弱さの原因は？
焦ってしまう弱さの原因は？
執着してしまう弱さの原因は？
他人に振り回されてしまう弱さの原因は……？
きっとそこに幸せになるヒントがある。
そこから逃げずにしっかりと受け止めたら、笑顔になれる日が待っている。
大丈夫、貴女だけじゃなくわたしも同じ道を通ってきた。
ミジメな貴女なんてどこにもいないのよ。
健気に生きてきた貴女がそこにいるだけ。
がんばってきた自分をギュッと抱きしめてあげてね。そこから幸せへの旅がはじまる。

おわりに

今回はじめて小説という形で「メス力」をみなさまにお伝えすることとなりました。

小説という未知の世界、正直不安しかありませんでしたが、それぞれの主人公に心を寄り添わせて、なんとか（思った以上に楽しみながら）書き上げることができました（ちなみにメリ子先生とわたしは同一人物ではございませんｗ）。

大好きな人とうまくいかなかったり、婚活をしてたくさんの男性と出会ってもピンと来る人が皆無だったり、恋愛以前の苦しみに囚われてしまっていたり。「たったひとりの男性と幸せになりたいだけなのに、なんでこんなにしんどい思いをしなきゃアカンの！」と苛立ちすら覚えてしまいますよね（経験アリや……。そして謎深酒。失笑）。

そんなときはこう思い返してほしいのです。

いままで人生で何人の男性と出会って（園児時代〜現在）、そのなかで恋愛対象になった男性はどれくらいいて、そこからおつき合いに至った男性は何人いた？

わたしも今世で知り合った（ほんの数分含めて）男性は数千人はいたと思いますが、キュンとした男性はほんの数人でした。

しかもどういうワケかそこには悪縁、腐れ縁がたくさん紛れ込んでいます。

焦っていると悪縁をつかみ、腐れ縁になり、あっという間に年単位で消費します（心当たりのある方も多いのでは？）。

なので、焦らずに目をしっかりと開いて良縁を見つけてください。

男性選びのコツは、劣等感を受け入れておくこと。すると、本当の意味で相性◎な「ど本命」がわかるようになりますよ。

数千人のなかからたった1人、良縁をつかんだのであれば大成功なのです。


いつもお伝えしています。諦めない心が大切です。

ただ待つだけではなく、虎視眈々《こしたんたん》と狙うことも大切です（恋のスナイパー的な）。

ときにはしんどくなってしまうこともあると思いますが、肩の力を抜いて目の前の恋愛を、目の前の出会いを、そして自分の人生を楽しんでくださいね！

笑う角には「ど本命」来たる！　です♡　これからも貴女を応援し続けます！

神崎メリ

著者略歴

神崎メリ（かんざき・めり）

恋愛コラムニスト。1980年生まれ。ドイツと日本のハーフ。自身の離婚・再婚・出産という経験から「男心に寄り添いながらも、媚びずに女性として凛として生きる力」を「メス力」と名づけ、InstagramとLINE公式ブログにて発信したところ、瞬く間に大人気となり、現在、ブログは月間200万PV、SNSフォロワーは30万人を超える。コメント欄には女性たちから共感の声が殺到し、恋愛や結婚に悩む10代から50代の幅広い層の女性たちから、熱い信頼と支持を集めている。『魔法の「メス力」』（KADOKAWA）、『秘密の「メス力」LESSON』（SBクリエイティブ）、『男のトリセツ』（マガジンハウス）など、著書の累計部数は30万部以上。

メリ子先生《こせんせい》、わたしどうしたら大好《だいす》きな彼《かれ》と幸《しあわ》せになれますか？

“最高《さいこう》の結婚《けっこん》”を叶《かな》える「メス力《りょく》」がストーリーで身《み》につく！

2023年3月7日　初版第1刷発行

著　者　神崎メリ
発行者　小川 淳
発行所　SBクリエイティブ株式会社
〒106-0032　東京都港区六本木2-4-5
電話：03-5549-1201（営業部）

ブックデザイン　藤崎キョーコ
イラスト　諏訪さやか
ＤＴＰ　RUHIA
著者エージェント　アップルシード・エージェンシー
編　集　杉本かの子（SBクリエイティブ）
印刷・製本　三松堂株式会社

本書をお読みになったご意見・ご感想を
下記 URL、または左記QRコードよりお寄せください。

https://isbn2.sbcr.jp/15826/

落丁本、乱丁本は小社営業部にてお取り替えいたします。定価はカバーに記載されております。本書に関するご質問等は、小社学芸書籍編集部まで必ず書面にてご連絡いただきますようお願いいたします。

ISBN 978-4-8156-1582-6